28/2/92   Marie-Pierre

28-02-92

A ma marraine
Bonne lecture
Fernande
xx

Élise Chapdelaine

DISTRIBUTEURS EXCLUSIFS:

- Pour le Canada:
  AGENCE DE DISTRIBUTION POPULAIRE INC.*
  955, rue Amherst, Montréal H2L 3K4 (tél.: 514-523-1182)
  Télécopieur: (514) 521-4434
  * Filiale de Sogides Ltée

- Pour la France et l'Afrique:
  INTER FORUM
  13, rue de la Glacière, 75013 Paris (tél.: (1) 43-37-11-80)
  Télécopieur: 43-31-88-15

- Pour la Belgique, le Portugal et les pays de l'Est:
  S. A. VANDER
  Avenue des Volontaires, 321, 1150 Bruxelles
  (tél.: (32-2) 762.98.04)
  Télécopieur: (2) 762-06.62

- Pour la Suisse:
  TRANSAT S.A.
  Route des Jeunes, 19, C.P. 125, 1211 Genève 26
  (tél.: (22) 42.77.40)

Marielle Denis

Élise Chapdelaine

Biographie romancée

Une jeune femme à la belle époque

*Prix La Plume d'Argent
1989*

le jour,
éditeur

Couverture
- Conception graphique:
  Katherine Sapon
- Photo de l'auteur:
  Les Paparazzi

Données de catalogage avant publication (Canada)

Denis, Marielle

    Élise Chapdelaine

    ISBN 2-89044-390-6

    1. Chapdelaine, Élise – Romans. I. Titre

    PS8557.E54E44 1989   C843'.54   C89-096244-8
    PS9557.E54E44 1989
    PZ3919.2.D46E44 1989

Bibliothèque nationale du Québec
Dépôt légal — 2ᵉ trimestre 1989

ISBN 2-89044-390-6

Tous mes remerciements à ma nièce Martine Denis dont les recherches en généalogie m'ont été d'une aide précieuse.

Avant-propos

Ma mère, Élise Chapdelaine, était une agréable raconteuse. Son excellente mémoire lui a permis de me narrer au fil des ans une foule de souvenirs de sa petite enfance, de son adolescence et de sa vie de jeune femme.

Chaque fois que je racontais à mon tour quelques épisodes du vécu quotidien de ces gens depuis longtemps disparus, mes récits semblaient intéresser l'auditoire et l'on m'a conseillé souvent d'écrire ce qui est en quelque sorte une page de la petite histoire d'une époque révolue, tellement différente de celle que nous vivons aujourd'hui.

Après beaucoup d'hésitation, je vous livre tout simplement ces faits d'un passé lointain que ma mémoire et mon cœur m'apportent au soir de ma vie.

MARIELLE DENIS

Chapitre premier

PEPÈRE ET MEMÈRE LARUE — LES ROSES ET LE GRENIER — ESPOIRS ET DÉBOIRES D'UN INVENTEUR — LE VRAI MOUVEMENT PERPÉTUEL — SAINT-ANTOINE ET SAINT-DENIS: LA RÉBELLION DE 37 — ÉTABLISSEMENT À SAINT-OURS.

J e suis née à Saint-Ours-sur-Richelieu le 30 janvier 1878 et, bien que j'aie quitté les lieux de mon enfance alors que j'avais à peine huit ans, j'en ai conservé un tas de souvenirs. Non seulement je me rappelle ce que j'y ai vécu moi-même, mais à peu de choses près tout ce qu'on m'a raconté. Écouter parler les aînés le soir à la lueur de la lampe, c'était notre radio, notre télévision à nous, les enfants de ce temps-là.

Mes souvenirs les plus anciens, parmi ceux que je chéris entre tous, ce sont mes séjours chez mes grands-parents maternels, pepère et memère Larue. Mon grand-père était depuis plusieurs années l'éclusier de Saint-Ours. Nous, les petits-enfants, nous nous amusions follement à regarder fonctionner les écluses que nous nommions «La Dame». La charge d'éclusier accordait, en plus des émoluments, l'usage de ce que nous considérions alors comme une belle maison avec dépendances, au bord de la rivière. Elle était entourée d'un vaste jardin. C'est là que je revois mes grands-parents, dans cette maison que j'ai si bien connue et aimée...

Nous, les petits Chapdelaine, nous habitions au village avec nos parents. C'était chez nous, le nid quoi! Mais, à «La Dame», où nous allions presque chaque jour, c'était le jeu après l'école, les vacances d'été, nos vieux que nous adorions… Et la maison qui sentait si bon le foin d'odeur et les confitures de fraise! En fermant les yeux, je retrouve surtout le jardin. Oh! ce jardin, comme il me paraissait immense lorsque mes frères et moi y jouions en compagnie de notre petite cousine Éva et, quelquefois aussi, le dimanche, avec tous les autres petits-enfants de pepère et memère.

— Amusez-vous autant que vous le voudrez, nous disait grand-mère, mais attention à mes roses!

C'est qu'elle avait la passion des fleurs et du jardinage en général, ma grand-maman. Je la revois cueillant ses framboises ou ses gadelles (tâches auxquelles nous aimions bien participer), sarclant les plates-bandes et les ronds de fleurs éclatantes autour des arbres. Il est certain pourtant que les roses avaient sa préférence. C'était vraiment de l'amour. Je la vois encore soulever doucement de ses doigts potelés l'une de ses merveilles et se pencher sur elle pour humer son parfum délicat. Elle semblait l'embrasser! D'ailleurs quand elle embrassait l'un de nous, ses petits-enfants, elle reniflait un peu et avait toujours l'air de respirer une rose… Quant à pepère, dans l'espoir de contenir un peu nos ébats, il essayait de prendre un air sévère et ajoutait aux recommandations de sa femme:

— Surtout courez pas si fort et prenez ben garde de pas tomber dans les allées. Vous pourriez vous faire mal.

Pepère était un tendre sous ses airs bourrus.

Lorsque nous étions trop turbulents, les jours de pluie par exemple, où nous ne pouvions aller jouer au jardin, il nous grondait parfois en parlant très fort, mais personne ne le craignait. Surtout depuis le jour où, hors de lui parce que nous faisions un joli ravot dans toute la maison, il avait attrapé la petite Éva par le bras pour la secouer vertement et, toute sa colère tombée aussi subitement qu'un coup de tonnerre en plein hiver, avait dit d'un ton radouci, presque repentant, en tâtant les petits bras d'Éva:

— Mais, elle est ben maigrichotte, c't'enfant-là!

Et embrassant la petite, il ajouta:

— Va, va jouer, ma chouette... Mais avant, va donc à la cuisine demander à Anna de te faire une bonne beurrée de confiture.

Elle y courut sans se faire prier, et toute la bande par derrière, en riant et criant de plus belle. Pepère, lui, n'eut plus qu'à se réfugier dans son grenier dont l'accès nous était formellement interdit, car c'était là que mon aïeul cherchait la paix et la tranquillité pour travailler à son invention... et parfois aussi, au dire de memère, pour y faire un bon somme, le vieux snoro.

L'invention à laquelle il travaillait, ce n'était certes pas la recherche de la pierre philosophale, mais un rêve aussi impossible à réaliser: le mouvement perpétuel! Je ne sais où le cher homme avait puisé cette idée lumineuse, probablement dans quelque journal relatant les efforts de chercheurs des vieux pays. En tout cas il s'était mis en tête que peut-être lui, Lévi Larue, réussirait là où tant d'autres avaient échoué. Il travaillait donc à mettre au point une machine faite de bouts de ceci et de morceaux de cela, de petites fioles de différentes tailles et de bobines de fil vides. Toutes ces pièces, aux dires des rares adultes de la famille qui avaient eu le privilège d'être admis au grenier pour contempler l'œuvre, ces pièces donc étaient montées sur une charpente de bois et reliées entre elles par du fil de laiton. Le tout équilibré de façon précaire au moyen de quelques boutons de poids divers. Sa femme, qui n'était pas au courant (elle avait d'autres chats à fouetter que de monter là-haut), en a mis du temps à comprendre pourquoi il manquait si souvent des boutons aux vêtements de son époux!

Puis, de jour en jour, le cher vieux devenait de plus en plus rêveur et distrait (même nous, les enfants, nous l'avions remarqué), et memère, elle, devenait de plus en plus agacée. Aux repas, pepère en oubliait parfois de manger sa soupe et se levait brusquement, sans dire un mot, pour grimper au grenier. C'est qu'il venait d'avoir une inspiration subite et, souvent, il en oubliait même de revenir finir son souper! Il paraît que cette étrange machine à bascule, une fois, après qu'on l'eut mise en branle d'un seul petit coup de pouce, avait bel et bien fonctionné. Ô joie! Pepère n'a pas crié *Eurêka* parce qu'il ne savait pas ce que cela voulait dire, mais il jubilait et répétait: «Ça marche, ça marche!» Seulement, quand la machine s'arrêta d'elle-même, à bout d'élan, après quelques heures, elle ne voulut plus repartir. Pepère s'assombrit mais ne renonça pas pour autant. Avec la ténacité de sa race, de notre race, il continua encore longtemps à travailler, dans le secret, à son engin de bric et de broc, au grand désespoir de sa femme qui s'écria un jour:

— Cré vieux fou de Lévi avec son mouvement perpétuel! Il ne sait même pas ce que c'est. Le mouvement perpétuel, c'est vous autres, les enfants, qui l'avez!

Il faut dire en effet qu'en ces années-là toute la maison était mouvementée perpétuellement, c'est le cas de le dire, avec les virevousses continuelles de tous ces jeunes dont grand-mère s'occupait avec l'aide de la bonne cousine Anna Larue, beaucoup plus âgée que nous, les petits-enfants. Elle devait avoir alors dix-huit ou vingt ans. Elle était orpheline; mes grands-parents l'avaient recueillie quelques années auparavant, de même que leur petite-fille Éva Chagnon, de deux ans plus jeune que moi, laquelle avait aussi perdu ses parents. Éva était la fille de Ludivine Larue, sœur cadette de maman. Pepère et memère l'avaient prise en charge et l'élevaient avec l'aide d'Anna, qui l'aimait comme si elle eût été sa fille. Éva et moi nous aimions comme deux sœurs; nous avons été inséparables jusqu'à mon mariage. Mais je reviendrai à tout cela plus tard. Pour le moment nous en sommes à pepère et memère Larue et à tout le tintouin que leur causaient leurs petits-enfants. Nous les adorions, les chers vieux. Je croyais, quant à moi, qu'ils avaient toujours été comme je les voyais alors: d'adorables vieillards. C'est beaucoup plus tard que j'appris l'histoire de leur jeunesse.

Lévi Larue était natif de Saint-Antoine-sur-Richelieu où, en 1833, à l'âge de vingt-deux ans, il épousa une demoiselle Brazeau, âgée de dix-neuf

15

ans, aussi de Saint-Antoine. Le père, Jean-Baptiste Brazeau, avait des biens et sa fille apporta en mariage une jolie dot. La famille habitait une grande et belle maison, domaine noble obtenu en arrière-fief par acquisition (en langage de notaire) «avec Acte de foi et Hommage» au seigneur de Contrecœur et de Saint-Antoine. Les enfants avaient tous reçu une bonne instruction et une excellente éducation. Ma grand-mère, telle que je me la rappelle, avait tout à fait l'allure d'une grande dame. Je ne l'ai jamais vue en négligé le matin, traînant la savate. Elle était toujours vêtue de noir et portait un petit fichu blanc que retenait au cou une broche d'or. Une coiffe blanche de lin ou de coton brodé, ou de fine dentelle le dimanche, couvrait à la mode du temps ses cheveux à bandeaux lisses, à peine grisonnants. Durant les périodes de deuil (et Dieu sait si elle en eut!), elle remplaçait le blanc par le noir: dentelle ou taffetas froncé. Comme beaucoup de personnes distinguées de son époque, elle aimait à priser le tabac. Sa tabatière d'argent, glissée dans sa ceinture ou encore déposée sur un guéridon ou sur le coin de la cheminée, était toujours à portée de sa main. Elle en offrait à l'occasion aux visiteurs et plongeait elle-même deux doigts dans la tabatière pour s'introduire ensuite une pincée de cette poussière dans les narines. Cela la faisait éternuer, mais elle disait que ça éclaircissait les idées. Nous, les petits, les yeux grands comme des piastres, nous suivions ce manège avec intérêt et avions bien hâte d'être grands pour pouvoir aussi goûter avec le nez cette poudre odoriférante qui «rendait les idées claires».

Après le mariage, le jeune couple Larue s'était établi à Saint-Denis où mon grand-père allait exercer son métier de tailleur. Il était aussi bricoleur sur les bords et cherchait déjà, paraît-il, à inventer quelque chose. Beaucoup moins instruit que sa femme, il possédait néanmoins ce qu'on appelle un gros bon sens, plus un heureux caractère et énormément de courage. J'ai appris par ouï-dire qu'on l'avait considéré comme un héros lors de la rébellion de 1837. Il a fait le coup de feu avec les patriotes à Saint-Denis, où il fut blessé, mais il n'en parlait jamais[1].

À Saint-Ours, lorsque pepère était déjà vieux, les jeunes hommes de la famille, ayant appris la nature de ses blessures, le taquinaient malicieusement:

— Dites donc, mon oncle, c'est-y que vous vous sauviez quand vous avez attrapé une balle dans la fesse?

— Vrai, pepère, vous avez pas couru assez fort!

Pepère, la pipe au bec, se contentait de rire silencieusement en haussant les épaules. Memère, de son côté, n'était guère portée aux confidences. Pourtant, ce soir-là, ne pouvant tolérer plus longtemps ce genre de plaisanteries de la part des jeunes, elle leur avait dit combien cette période avait été dure à traverser. Une vraie tourmente. Mariée depuis quatre ans seulement, avec trois enfants déjà, elle avait vu son époux ainsi que tous les hommes du village se battre

---

1. Lévi Larue: On se souvient de lui à Saint-Denis comme de l'un des bons tireurs le jour de la bataille. Il a été atteint de deux balles, l'une à la hanche gauche et l'autre à la main du même côté. A. Fauteux, *Patriotes de 37-38*.

vaillamment, mal préparés et mal armés. Elle-même avait dû, avec d'autres femmes, confectionner des munitions en creusant des trous dans des pommes de terre pour y couler du plomb et en faire des balles. La plupart des rebelles, en tout cas, avaient fait preuve de beaucoup de courage et de bravoure, et chacun avait lutté aussi longtemps qu'il avait pu. Lorsque le tourbillon fut passé, que Lévi fut guéri de ses blessures et que d'autres familles, encore plus éprouvées, eurent pleuré leurs morts, tous furent heureux de la paix retrouvée.

Au fond, ce que je crois, c'est qu'ils n'étaient pas des insurgés très convaincus. Les habitants du village s'étaient soulevés et battus contre les Habits Rouges par solidarité avec les meneurs et, surtout, à cause des discours enflammés de Papineau. La politique, ils n'y comprenaient peut-être pas grand-chose et n'y pensaient sûrement pas beaucoup; c'était loin d'être le souci dominant de leur vie besogneuse. Ils vivaient humblement, petitement, mais ils étaient pour la plupart satisfaits de leur sort: ils possédaient la joie de vivre.

Tout ce que j'ai raconté là, je le tiens naturellement des aînés de la famille qui, eux, l'avaient entendu dire par leurs pères ou par leurs mères. Ma mère, à moi, n'était même pas encore née. Elle vit le jour en 1851 à Saint-Denis, après Anna, Omer, Vitaline et Élise; puis vint ensuite Ludivine (la mère d'Éva) et finalement le benjamin, Aldéric, qui fut mon parrain. Maman fut prénommée Victoria, en l'honneur de la reine Victoria, bien sûr, qui laissa son nom à toute une époque.

Durant ces années-là, et tout en faisant des enfants à sa chère femme, mon grand-père devint chef du premier corps de pompiers volontaires établi à Saint-Denis. Ce devait être quelque chose en ce temps-là que d'aller au feu avec les moyens qu'on avait! Mais pour ce qui est du courage et du dévouement, Lévi Larue et sa femme n'en manquaient pas. Ils l'ont prouvé tout au long de leur vie.

J'ignore en quelle année mes aïeuls quittèrent Saint-Denis pour venir s'installer définitivement à Saint-Ours — toujours sur le Richelieu. Une chose certaine, c'est que ma mère y connut mon père, Ulric Chapdelaine, et qu'ils s'épousèrent en 1872 en l'église de ce village.

À ce qu'on m'a dit, elle était bien jolie, ma mère, en ces années-là. Accorte, avec ça, rieuse et pleine d'entrain. Cet heureux caractère qu'elle a gardé toute sa vie a dû, dès cette époque, lui gagner bien des cœurs.

Elle avait hérité de memère Larue sa nature un peu secrète, de sorte qu'elle ne m'a jamais beaucoup parlé d'elle. Mais, aussi loin que je puisse me rappeler nos commencements à Saint-Ours, ma mère, levée très tôt le matin, rayonnait avec le soleil. Elle s'occupait de tout autour d'elle et prêtait généreusement son concours en toutes occasions lorsqu'on avait besoin d'elle. Elle cousait pour ses sœurs, aidait memère et Anna à la maison de l'écluse, accompagnait les chanteurs à l'harmonium de la paroisse les dimanches et les jours de fête et faisait bien d'autres choses encore. Son activité débordante nous paraissait alors toute naturelle. J'ai compris avec les années

pourquoi elle dépensait tellement d'énergie. J'en re-
parlerai plus tard.

Chapitre II

LA VIE À SAINT-OURS EN 1884 — LE JUGE DE PAIX ET LES MOUCHES — LES PEURS DE MEMÈRE — MADAME ANOFLETTE FAIT UNE COLÈRE — ULRIC CHAPDELAINE, MARCHAND DE NOUVEAUTÉS ET PÈRE DE FAMILLE — DÉPART POUR SOREL — PREMIER GRAND CHAGRIN.

On m'a raconté que grand-père Larue, qui avait été chef des pompiers à Saint-Denis, devint juge de paix à Saint-Ours, tout en restant éclusier. Cette nouvelle charge consistait, d'une part, à faire respecter l'ordre, la tranquillité publique et, d'autre part, à agir comme arbitre des différends entre voisins ou commerçants, entre employeurs et employés. Il pouvait juger, sans frais pour les parties concernées, du bien-fondé des réclamations de peu d'importance ou arbitrer les querelles de famille. Il s'employait toujours à réconcilier les gens et à les dissuader de recourir aux procédures judiciaires, parce que, disait-il, dans ces affaires-là tout le monde est perdant. Pepère prenait sa charge très au sérieux, et tous au village l'avaient en haute estime et le consultaient volontiers, surtout sur des questions familiales, toutes personnelles, simplement parce qu'on avait confiance en son jugement plein de bon sens. Comme il était chargé de faire respecter l'ordre public, certains même le craignaient, bien qu'il ne fît pas souvent d'arrestations. Pour l'excellente raison, j'imagine, qu'il n'y avait guère de grabuge à Saint-Ours. Pourtant, un soir, à ce que l'on m'a dit, quelques hommes ayant un peu trop bu de «p'tit blanc» se mettent à se chamailler au bord de la rivière et deux d'entre eux en viennent aux coups. Pepère, mandé d'urgence par les femmes, s'amène avec toute l'autorité dont il est investi. Il somme les bagarreurs de se disperser, enjoignant tous les participants à la querelle et les curieux de «circuler». Peine perdue. Dans les cris et l'excitation du moment, personne ne l'entend. Alors, le juge de paix en lui se hausse sur la pointe des pieds (il était haut comme trois pommes, le cher homme) et, empoignant les belligérants au collet:

— Au nom de la Reine, crie-t-il, je vous arrête! Allez, montez la côte!

Il n'a pas dit «au nom de la loi», mais bien «au nom de la Reine». C'est peut-être encore plus fort! En tout cas, les deux grands gars, trois fois plus gros que lui, obtempèrent aussitôt et grimpent la côte en titubant. C'était la voix de l'autorité, lointaine mais implicitement présente, de Victoria Regina qui venait de se faire entendre. De cette aventure pepère est sorti grandi aux yeux des habitants de la paroisse.

Au sujet de pepère, une histoire me revient encore à l'esprit. C'est celle de la mouche à l'église. Tout d'abord il faut dire que mon grand-père, tout comme moi d'ailleurs, avait une sainte horreur des mouches qu'il qualifiait de bestioles du diable. Dès qu'il en apercevait une quelque part, il se mettait à sa poursuite et n'avait de cesse qu'il l'eût attrapée à la volée, fort adroitement je dois dire. Il avait aussi une autre raison, à ce qu'il affirmait, de capturer les mouches vivantes et de les emprisonner dans sa main. C'est qu'il commençait à devenir dur d'oreille et qu'il prétendait que le bruissement des ailes d'un insecte prisonnier pouvait guérir de la surdité. Alors, sitôt capturée, la mouche était portée dans ses doigts refermés vers son pavillon auditif, ce que memère appelait écouter les nouvelles «de mouche à oreille»! Cependant, mon frère Albert avait émis l'opinion que le grand-père ne croyait pas tellement à la guérison par la mouche; il voulait tout simplement vérifier par ce geste si son ouïe s'affaiblissait, car Albert l'avait entendu murmurer: «Je l'entends encore.» Vint le jour où nous constatâmes que pepère n'écoutait plus les mouches. Pourtant il continuait à les pourchasser sans relâche et, nous semblait-il, avec une animosité accrue, une espèce de rancune personnelle. Mais revenons à cette histoire de la mouche à l'église.

C'était par un beau et chaud dimanche d'été. Nous assistions tous à la grand-messe. La famille de Saint-Ours était là, de même que mon grand-père paternel, le major Léon Chapdelaine, ainsi que toute la parenté: les Larue, Maugé, Béliveau, Guertin et, bien entendu, nous tous du clan Chapdelaine. Il y avait aussi le docteur, le notaire, et le reste. Enfin presque tous les paroissiens que nous connaissions bien. Le bon curé Désorcy monte en chaire et commence son homélie. Les jeunes hommes qui se tiennent à l'arrière, près de la porte, en profitent pour sortir en douce sur le perron et «tirer une touche». Quelques vieux ferment les yeux et, mine de rien, se disposent à faire un bon petit somme. Pepère, lui, toujours distrait, n'écoute pas beaucoup: il doit penser à son invention du mouvement perpétuel. Mais voilà soudain qu'il aperçoit une mouche qui brille dans la lumière d'un rayon de soleil, et son hostilité meurtrière se réveille tout de go. Il suit l'ennemie des yeux et la voit se poser sur le crâne dégarni du notaire. Par-dessus le marché, l'effrontée semble lui faire des signes avec ses pattes, comme pour le défier. Aussitôt, oubliant complètement où il se trouve, confondant peut-être le bourdonnement du sermon de notre pasteur — dont il ne comprend d'ailleurs pas un traître mot — avec celui que font les mouches, qu'il n'avait pas entendu depuis belle lurette, il se lève et s'avance à pas feutrés dans l'allée centrale, droit vers le banc du notaire. Le curé s'arrête net; les jeunes rentrent en toute hâte, croyant le sermon déjà fini; les vieux se réveillent en sursaut, frappés par le silence, et tous les yeux se braquent sur le père Larue qui, imperturbable, s'avance toujours, tout doucement, comme hypnotisé par cette boule rose et luisante où s'est posée cette maudite mouche, comme un véritable défi! Il avance, il avance, chacun retient son souffle et hop! pepère attrape l'objet de son abomination avec la main, aussi aisément qu'un lézard l'eût fait avec sa langue. Tout le monde se met à rire, même le curé. Mon grand-père s'éveille à la réalité et rougit jusqu'à la racine de ses beaux cheveux blancs. Alors, M. le curé Désorcy, du haut de la chaire, laisse tomber ces mots dans un silence où l'on aurait pu entendre voler la mouche, si elle eût encore été là:

— C'est fini, oui? Lévi, si tu veux regagner ton banc, j'voudrais bien en finir, moi aussi.

À la sortie de la messe, pepère est entouré.

— Lévi, Lévi, t'as ben fait ça!

— Comment vous faites, m'sieur Larue, pour les attraper comme ça?

26

— Dis donc, qu'est-ce t'en as fait de la mouche, Lévi?

Et pepère Larue, l'œil en coin du côté de sa femme:

— Ben, je l'ai collée dessous mon banc.

Tandis que memère, cramoisie, sa capine de dentelle un peu de travers, se hâte sans dire un mot vers le boguet qui les attend...

Bon, je m'aperçois que j'ai raconté un tas de choses sur pepère, et très peu au sujet de ma grand-mère. Pourtant, elle avait aussi ses particularités et ses petits travers, mais c'était la bonté même. Elle passait facilement pour hautaine, parce qu'elle ne fré-quentait à peu près personne en dehors de la famille. Question de timidité, peut-être. Plutôt, je crois, une question d'éducation. Il y avait au village peu de femmes aussi instruites qu'elle, sauf quelques épouses de notables et les dames de Saint-Ours qu'elle visitait de temps à autre. Elle était surtout ac-caparée par toute la parentèle: les filles mariées et leur progéniture, les beaux-frères et belles-sœurs, ne-veux et nièces, cousines et cousins. Ça n'en finissait plus. Tout ce monde vous arrivait le dimanche à tour de rôle, et parfois même tous ensemble! Durant les vacances, les jeunes restaient souvent plusieurs jours d'affilée. Et c'était memère, avec la cousine Anna, qui voyait à tout. Maman venait souvent prêter main-forte à sa mère pour préparer la boustifaille. C'est qu'il en fallait pour satisfaire tous ces appétits! Sur-tout quand le cousin Maugé, surnommé Maugé-le-Jaune, s'amenait avec sa marmaille. Pourquoi l'appelait-on «le Jaune»? Peut-être à cause de son teint bilieux. Ou encore parce qu'il passait pour avare, puisqu'on donnait encore, à cette époque, le nom de «Jaunet» aux pièces d'or. Au vrai, on ne sut jamais s'il thésaurisait dans le secret mais, chose certaine, c'est qu'il était plutôt fesse-mathieu, comme ne se privait pas de le dire notre chère grand-mère: Harpagon ou le père Grandet tout crachés! Aujourd'hui, on dirait un vrai Séraphin. Dans tous les cas, lorsqu'il mettait ses enfants à table, c'était à croire qu'il les avait privés de nourriture bien avant leur arrivée pour pouvoir les gaver jusqu'à leur départ.

— Mets de la bonne confiture de fraise à me-mère dans ta soupanne, qu'il disait, tu vas voir si c'est bon! Profitez-en, vous en aurez pas demain.

La soupanne était ce bon gruau d'avoine couvert de crème épaisse qu'Anna allait cueillir à la laiterie. Car il y avait une laiterie chez mes grands-parents, à côté de l'étable. Quand l'homme engagé avait trait la vache, Anna déposait sur une tablette de la laiterie un certain nombre de jattes pleines de bon lait et recouvertes de linges fins et propres. Lorsque le lait avait suffisamment reposé, la crème montait et on allait peler le dessus des vaisseaux pour en recueillir une belle couche jaune et onctueuse qui plissait sous la cuillère ou le couteau, comme une soie aux reflets moirés. Ah, rien que d'y penser, je m'en lèche encore les babines! Les Maugé aussi s'en délectaient, les pauvres petits…

Memère n'aimait guère le Jaune. Pas à cause des confitures, bien sûr, ni à cause de toutes les autres bonnes choses qui disparaissaient comme neige au soleil, mais parce qu'elle plaignait sa famille de tout son cœur.

— Le vieux grigou, disait-elle, si ce n'était pas par affection pour ses enfants, jamais je ne l'inviterais à s'asseoir à ma table!

J'ai déjà dit que memère avait fait preuve de beaucoup de courage dans les moments difficiles comme devant les grandes épreuves de sa vie. Pourtant c'était une peureuse. Elle avait des craintes folles de toutes sortes qu'elle ne pouvait surmonter. Par exemple, sa peur de l'eau. Ainsi, les rares fois où elle savait qu'elle allait devoir traverser à Saint-Roch par le bac, son émotion était telle qu'elle n'en dormait pas de la nuit! Un jour, notre grand cousin Armand Béliveau, jeune homme dans la vingtaine, la fit s'asseoir dans la chaloupe bien amarrée au quai. Il avait conduit là sa grand-mère pour prendre un peu le frais mais, lorsqu'il essaya de la persuader qu'une toute petite promenade le long du rivage serait très agréable, le clapotis de l'eau et le léger balancement de la barque la jetèrent dans une peur folle, incontrôlable, et elle refusa à tout jamais de tenter encore ce genre d'aventure. C'est comme le chemin de fer; le train, à ses yeux, était une invention infernale. Son bruit, son odeur, les crachements de fumée et d'escarbilles de la locomotive la mettaient quasiment en pâmoison. Aussi ne consentait-elle à voyager qu'en voiture d'attelage avec le bon vieux cheval. Encore que, lorsqu'on devait s'arrêter à un passage à niveau pour laisser filer un de ces monstres rugissants, memère poussait des cris perçants, invoquant tous les saints du paradis, et pepère avait toutes les peines du monde à maîtriser le pauvre cheval qui se cabrait, saisi d'épouvante, et menaçait de les précipiter dans le fossé! On comprend que, dans de telles conditions, les voyages à Montréal, ou même à Sorel, devinrent de plus en plus rares et bientôt totalement impossibles.

Le plus grand défaut de ma grand-mère, c'était, comme elle l'avouait elle-même, la rancune. Tout le contraire de son mari qui, lui, se réconciliait très vite si quelque désaccord survenait. À ce propos, elle nous raconta qu'un soir, alors que les époux étaient depuis un bon moment au lit, elle s'aperçut que pepère se levait en grommelant et commençait à se rhabiller.

— Mais dans le monde qu'est-ce que tu fais, Lévi? Perds-tu la tête? As-tu envie de sortir à c't'heure?

— Ah, ça sert à rien! Je pourrai pas m'endormir comme ça!

— Es-tu malade? Qu'est-ce qu'y a, mon homme?

— Eh ben, vois-tu, ma femme, j'me suis un peu disputé à matin avec Amable et je l'ai laissé en disant qu'il était fou. Tu comprends, je peux pas dire mon Notre Père si je vais pas lui demander pardon, dret-là!

Et memère de conclure:

— Savez-vous, ça m'a fait réfléchir. C'est pourtant vrai qu'il faut pardonner, et maintenant, je le fais moi aussi. Mais Doux Jésus, que c'est donc difficile d'oublier!

Je l'ai vue parfois, rarement il est vrai, piquer une colère carabinée. Je me rappelle une occasion, entre autres, où la chère vieille sortit vraiment de ses gonds. Il y avait un homme au village que le grand-père employait à divers travaux et que memère appelait «le jardinier». Un jour, elle lui fait quelques observations sur la manière dont il a traité ses fameuses roses. Et le bonhomme de répondre, avec un sourire quelque peu moqueur: «Bien, madame Anoflette.» Ma grand-mère bondit tandis que nous, les enfants, restons tout interloqués. C'est que nous n'avions jamais entendu prononcer ce nom, ni par pepère ni par aucun des membres de la famille. Ma grand-mère, à ce qu'il paraît, avait son nom en horreur et n'avait jamais voulu y répondre.

— Je vous défends, dit-elle, de me nommer ainsi. D'abord, pour vous, je suis madame Larue. Vous allez oublier cet autre nom tout de suite, et si jamais vous le répétez à qui que ce soit, je vous promets que vous ne remettrez plus les pieds ici, jamais! Vous m'entendez?

Le vieux, je crois, se le tint pour dit. Il avait compris que la maîtresse n'entendait pas à rire sur cette question. Non mais, elle avait raison, pas vrai? Quand on a un prénom comme ça, il n'y a pas de quoi se réjouir. Je me demande bien où les parents de memère avaient pu aller pêcher ce nom-là. Noflette, ou Anoflette, maman m'a dit que personne ne semblait le savoir au juste, et personne ne le prononçait jamais. Pour pepère c'était toujours «ma femme». En tout cas; que ce fût «ma femme», «memère», ou «ma tante», pour les neveux et nièces, elle était de toute manière une femme sans pareille («dépareillée» comme on disait dans son entourage). Excellente cuisinière et maîtresse de maison accomplie, d'un dévouement extrême doublé d'une grande générosité envers tous les siens, elle était aussi très charitable et, malgré ses paroles de menace prononcées sous le coup de la colère, elle n'aurait jamais demandé à son époux de renvoyer le vieux jardinier à cause de ce malheureux nom d'Anoflette, si abhorré fût-il.

* * *

Bon, assez parlé pour le moment des grands-parents Larue. Je voudrais raconter ce que nous étions à cette époque, nous le clan Chapdelaine. Il faut dire que notre famille est l'une des plus anciennes de Saint-Ours puisque le premier du nom vint y prendre racine dès le XVIIe siècle. Mon grand-père paternel, le major Léon Chapdelaine dit Vidor, en digne descendant de notre ancêtre André, avait été lui aussi dans la milice: il fut le dernier militaire en charge dans la paroisse de Saint-Ours. Son surnom de Vidor vient probablement de Victor, le nom de son père. Il avait épousé, vers 1845, Hermine Célanise Cormier, qui mourut dix ans plus tard à l'âge de trente ans, après avoir mis au monde cinq enfants, dont deux seulement ont survécu: mon père et tante Hermine (celle que devait épouser plus tard Henri Duhamel). Grand-papa Léon se remaria, comme de raison. Il épousa en secondes noces une femme très distinguée de descendance italienne, Élisa Santoni, ou Santini, je ne sais plus trop. Elle n'eut pas d'enfants mais elle éleva mon père et tante Hermine comme s'ils eussent été les siens. Elle était ma marraine et m'aimait beaucoup, et mes frères et moi l'avons toujours considérée comme notre vraie grand-mère.

32

Mes parents eurent cinq enfants dont je fus la seule fille. Leur premier bébé ne vécut que huit mois. Lorsqu'il mourut, maman était déjà enceinte d'Albert, puis vinrent ensuite Rodrigue, moi, et finalement le benjamin, Arthur, qui vit le jour en 1880. Je fus baptisée Marie-Blanche-Élise. Blanche était le nom que maman désirait me voir porter. Seulement, quand mon père me vit dans ma robe de baptême, il déclara tout net, paraît-il:

— On ne pourra jamais l'appeler Blanche, elle est noire comme une puce!

On décida donc que je serais prénommée Élise. Le bon curé inscrivit cependant par erreur au registre Élisa (comme ma marraine) et c'est ainsi que toute ma vie je dus produire, quand c'était nécessaire, un extrait de naissance sous les noms de Marie-Blanche-Élisa. Ce qui ne m'empêchera pas d'être Élise toute ma vie, et pour l'éternité! Le curé écrivit aussi Chapdeleine, au lieu de Chapdelaine avec un *a*. Si mon père s'est aperçu de cette erreur, je suis sûre qu'il n'a pas osé le lui faire remarquer, pensez-y: un curé!...

Enfin, on voit un peu le tableau de la famille en 1884. Albert avait dix ans, Rodrigue (surnommé Toutou parce qu'il suivait toujours pas à pas son aîné) avait huit ans, et moi six. Notre petit frère Arthur, âgé de quatre ans, mourut cette année-là.

Je me souviendrai toujours de cette nuit où, blottie sous mes couvertures, je grelottais de peur en entendant la respiration sifflante et saccadée du pauvre petit qui étouffait dans la chambre à côté. Il avait contracté cette terrible maladie qui emporta tant d'enfants avant la fin du siècle, le croup. Ce ne fut que quelques années plus tard qu'on développa le sérum antidiphtérique pour combattre ce bacille meurtrier. Aujourd'hui c'est encore mieux: on a le vaccin pour immuniser les bébés, et l'on n'entend presque plus parler de la diphtérie. Un docteur m'a expliqué plus tard que ce qu'on appelait alors le croup était en réalité la dernière phase de la diphtérie, lorsque les fausses membranes envahissent le larynx et asphyxient le malade. Malheureusement pour mon petit frère et pour tant d'autres jeunes victimes, il n'y avait à peu près rien à faire à cette époque. Quelquefois, on pratiquait le tubage, la trachéotomie, sans grands résultats la plupart du temps.

Je me souviens que, durant une bonne partie de cette nuit fatidique, mes parents promenèrent dans leurs bras, à tour de rôle, le petit mourant qui luttait pour sa vie avec d'affreux râlements. Au matin on nous conduisit, Albert, Toutou et moi, chez nos grands-parents, sans explications. Le grand silence blanc de la maison, de même que la pâleur extrême de maman m'impressionnèrent profondément, mais je n'osais pas poser de questions, mes frères non plus. À notre retour, on nous apprit que notre petit frère était au ciel avec les anges, et nous oubliâmes vite, nous les enfants, ce drame familial. Je ne me rappelle plus du tout comment était le petit Arthur; la couleur de ses yeux, de ses cheveux, ni si je l'aimais... Je sais seulement que nous avons eu de la chance, nous les trois autres enfants Chapdelaine, de rester vivants. Sélection mystérieuse. Maman conserva longtemps sa pâleur et elle ne riait plus aussi souvent. Puis la vie reprit son cours normal.

Mon père était marchand. Il était le propriétaire du magasin général de Saint-Ours. J'aimais beaucoup aller au magasin fureter dans tous les coins et humer toutes ces odeurs de cuir, d'épices, de vêtements neufs et de sucreries. Mes frères et moi nous organisions des jeux, surtout dans l'entrepôt, jeux de cache-cache ou de poursuite d'Indiens. Je les suivais partout: j'étais un vrai garçon pour grimper, sauter, courir. Je battais même Toutou à la course, bien qu'il eût deux ans de plus que moi.

Le magasin était situé sur la rue principale, comme il se doit, juste en face d'une petite route en terre qui conduisait au quai Chapdelaine, sur la rivière Richelieu, car ce quai appartenait aussi à mon père. Il y avait beaucoup de transport fluvial, et les bateaux, arrivant de Montréal ou de Québec, où ils avaient chargé les marchandises en provenance d'Europe ou des États-Unis, s'amarraient à notre quai pour y déposer ballots et caisses destinés au seul marchand de la région, notre père. C'était une fête pour toute la paroisse de voir arriver ces bateaux. Les ménagères attendaient toujours quelque chose, surtout les nouveautés car, en plus des denrées, des épices qui venaient souvent de fort loin, il y avait aussi des tissus — de soie —, des rubans et des dentelles; un tas de colifichets dont ces dames raffolaient.

Certains soirs et même les dimanches après-midi, le magasin servait de lieu de réunion pour les hommes. On discutait de politique: il était souvent question de Louis Riel à cette époque. Les uns l'approuvaient; d'autres, empreints du plus sombre pessimisme, se contentaient de branler la tête. Il y avait aussi les élections qui faisaient beaucoup marcher les langues. Le ton montait, la chaleur aussi; on disait des gros mots parfois et, tout à coup, un énorme éclat de rire venait alléger l'atmosphère. La fumée était à couper au couteau; on prenait un petit coup de blanc, naturellement, et la discussion reprenait de plus belle. Bien entendu, les enfants n'avaient pas accès au magasin dans ces occasions. Si nous n'étions pas à «La Dame», maman nous gardait auprès d'elle mais, comme notre logis attenait au magasin, nous percevions beaucoup de bruit et même quelques-unes des paroles que les hommes échangeaient entre eux et qui n'étaient pas toujours édifiantes.

Certains après-midi d'été, papa laissait le magasin aux soins de son commis, pour aller nager; en hiver, nous allions patiner sur la rivière. C'est ainsi que, très tôt, je pris goût aux sports habituellement réservés aux garçons. Quand papa et mes frères allaient à la baignade, je ne les quittais pas d'une semelle. Au bout du quai, l'eau était très profonde et sombre. Notre père, au début, nous prenait sur son dos, l'un après l'autre, et nageait lentement de long en large, devant le quai, avec son fardeau cramponné à son cou, dans l'eau soyeuse et fraîche. Puis il nous initia aux mouvements de la nage. Bientôt, sous sa surveillance, nous nageâmes tous les trois comme des poissons. En hiver, il nous apprenait à patiner sur la rivière gelée, et là aussi je battais Toutou à la course. Les filles du village me trouvaient dégourdie, et certaines m'enviaient, je pense, mais les mères disaient que j'étais garçonnière. Maman se moquait complètement de leur opinion et remettait à plus tard le soin de faire de moi une vraie demoiselle. Heureusement, car j'aimais tous les exercices physiques, tous les jeux qui demandent du souffle, de l'habileté, de l'endurance. C'est à mon cher papa que je dois ce goût qui m'a procuré tant de plaisir.

Toutefois, ce temps heureux de mon enfance ne dura pas longtemps. Dès l'automne de 1886, notre père tomba sérieusement malade. Il avait alors trente-sept ans. Il vendit son commerce et la famille alla s'installer à Sorel, dans l'espoir que les médecins de la ville trouveraient peut-être un remède à son mal. Hélas, les docteurs de Sorel, pas plus que celui de Saint-Ours, ne purent rien faire pour lui. On parla de tuberculose, d'inflammation de l'intestin, de maladie de cœur, de je ne sais plus quoi encore. Au vrai, personne n'en savait rien. On en était encore à ausculter avec un cornet que le savant docteur s'introduisait dans l'oreille et dont il appliquait l'autre extrémité sur la poitrine ou sur l'abdomen du malade. Il essayait de deviner, aux bruits qu'il percevait plus ou moins, ce qui pouvait bien se passer d'anormal à l'intérieur. Mon pauvre papa, après une ou deux hémorragies, s'affaiblit beaucoup et dut s'aliter définitivement. Il s'éteignit à trente-huit ans, en avril 1887.

Quelques jours avant sa mort, il avait réclamé à plusieurs reprises de l'eau d'érable. Caprice de malade, souvenir d'enfance? Mais le printemps était tardif cette année-là, et les arbres ne coulaient pas encore. Maman avait bien essayé d'ajouter un peu d'eau à du sirop de l'année précédente, dans l'espoir que papa ne s'apercevrait pas de la supercherie. Peine perdue… Quand tu es né au pays de l'érable, rien ne peut te tromper, même mourant, sur ce goût unique de la sève nouvelle qui, chaque année au printemps, monte dans tous les érables du sol québécois.

Je ne sais vraiment pas au juste quel homme était mon père, j'étais trop jeune pour en juger. Je sais seulement que j'avais pour lui une grande admiration et beaucoup d'amour. Au physique, mon fils Fernand lui ressemblait à son âge, mais je ne saurais dire s'il y a entre eux quelque similitude de caractère.

Il va sans dire que cette perte fut immense pour nous tous et que je la ressentis très cruellement. Cher papa, comme il m'a manqué par la suite! Quel chagrin pour une petite fille de neuf ans de s'apercevoir tout à coup qu'elle était amoureuse de son père, et qu'il ne sera plus jamais là!

Élise à neuf ans,
après la mort de son père.

Chapitre III

INSTALLATION À SOREL — NOUVEAUX REGARDS EN ARRIÈRE VERS SAINT-OURS — COMME QUOI LES CHAPEAUX PEUVENT FAIRE COULER BIEN DES LARMES — PREMIÈRE COMMUNION — LA VIE D'UNE COUVENTINE CHEZ LES DAMES DE LA CONGRÉGATION.

Lorsque fut dissipé un peu le grand désarroi qui suivit la mort de son mari, maman, en femme courageuse qu'elle était, prit les choses en main. Veuve à

Victoria Chapdelaine
à 35 ans

trente-cinq ans, avec trois enfants entre neuf et treize ans, elle avait devant elle une lourde tâche. Elle nous dit:

— Mes enfants, nous allons nous établir ici. Il faut que vous puissiez obtenir une bonne instruction. Vous autres, les garçons, vous irez à l'école des frères; toi, Élise, ce sera au couvent de la Congrégation Notre-Dame. N'ayez pas peur, tout ira bien, maman est là, et papa nous aidera.

Il ne pouvait être question de retourner à Saint-Ours, d'abord à cause des études, et puis nous n'avions plus de maison, et aller vivre chez les grands-parents était impensable. Pepère et memère avaient eu dans leur vie jusque-là bien assez de soucis et de charges.

Il y avait eu pour commencer Anna, leur fille aînée qui, mariée à dix-sept ans, mourait moins d'un an plus tard en donnant naissance à une petite fille,

41

presque en même temps que sa mère, Noflette, accouchait de ma mère. Le père de l'enfant, le docteur Saint-Jean, désemparé à la mort de sa jeune femme, vint chercher refuge, le nouveau-né sur les bras, chez ses beaux-parents, où il demeura quelques années. Ma grand-mère reçut la petite Alphonsine à bras ouverts; après tout, cela ne faisait qu'un bébé de plus! «Et si j'avais eu des jumelles, hein? Qu'est-ce qu'on ferait?» Il y avait déjà à la maison Vitaline, Omer, Élise et maintenant Victoria, dont Vitaline fut la marraine. Les aînés, Vitaline et Omer, étaient quand même assez grands, et les deux bébés, bien qu'ils fussent une lourde charge, ont dû atténuer quelque peu le grand chagrin d'avoir perdu Anna. Ainsi donc, Victoria et Alphonsine (la tante et la nièce en réalité) firent leurs premières dents ensemble, dans les bras de Noflette, mère et grand-mère à la fois. Il y avait encore chez pepère et memère la cousine Anna Larue dont j'ai déjà parlé. Puis, plus tard, à la mort d'une autre de leurs filles, Ludivine, la mère d'Éva Chagnon, les grands-parents prirent aussi en charge la petite Éva, comme je l'ai déjà dit.

Il y avait eu aussi, parmi les épreuves de pepère et de memère, le départ de leur fils Omer pour les États-Unis. Cet oncle, je ne l'ai pas connu. Je sais seulement qu'il était médecin et qu'il s'expatria pour aller travailler chez les Américains, où il mourut quelques années plus tard. Pendant quelque temps, nous, les enfants, parlions de notre «oncle d'Amérique», en entretenant l'espoir d'un héritage fabuleux. Enfin, un troisième deuil vint assombrir la famille Larue: le décès de tante Élise, une autre sœur de ma mère.

Elle était sans enfants, mais son mari à demi paralysé, l'oncle Guertin, vint lui aussi prendre pension chez ses beaux-parents. Il y mourut beaucoup plus tard. C'était toujours memère, avec l'aide d'Anna, qui prenait soin de tout ce monde.

Il fut donc entendu que nous resterions à Sorel, mais que nous irions passer au moins quelques jours de nos vacances à Saint-Ours, à tour de rôle, ce qui n'encombrerait pas trop les grands-parents.

Notre mère, avec le peu d'argent qui lui restait, décida alors, après mûre réflexion et sur les conseils du notaire, de s'improviser modiste pour subvenir aux besoins de la famille. Elle eut du succès dès le début. Il était inadmissible pour ces dames du siècle dernier de sortir sans chapeau; et plus on empilait de choses sur celui-ci, plus c'était chic. Et puis, ça faisait cossu. Des fleurs, des coques de ruban ou de tulle sur coiffures de satin ou de paille au printemps et en été; des aigrettes, des plumes de toutes sortes, de la fourrure, des brillants, sur chapeaux de velours pour l'automne et l'hiver. Maman était habile et elle avait du goût et de l'imagination, aussi réussit-elle à se tirer d'affaire. Tant et si bien qu'en très peu de temps elle ouvrit son magasin, engagea une ouvrière pour la seconder auprès de la clientèle, ainsi qu'une bonne à tout faire pour la maison. Cette dernière, de descendance irlandaise, s'appelait Mary et elle resta avec nous plusieurs années. Je l'aimais beaucoup.

Tout marchait à merveille: mes frères allaient à l'école des frères, moi chez les religieuses et, au retour, Mary prenait soin de nous comme l'aurait fait notre mère. Tandis que les garçons s'amusaient dehors, je restais à la maison pour jouer à la poupée. Un jeu de petite fille, pour la première fois! C'était une très belle poupée française que maman m'avait offerte au jour de l'An. Jamais je n'avais reçu un aussi beau cadeau. Elle avait une tête de porcelaine aux traits fins et des cheveux blonds ondulés; son corps rembourré de son était souple et recouvert de chevreau blanc. Mary avait confectionné tout un trousseau pour cette merveille et je pouvais jouer à la déshabiller et à la rhabiller durant des heures. Mary disait en souriant, avec son drôle de petit accent:

— La v'là encore qui catine!

Hélas, ce grand bonheur ne fut pas de longue durée. Maman, un jour, avec précaution et après mille détours, m'apprit que la mère d'Émérentienne — l'une de mes compagnes de classe que je n'aimais pas particulièrement, d'ailleurs — m'avait vue un jour avec ma poupée. Elle l'avait trouvée si belle qu'elle la voulait absolument pour sa fille. Je me mis à pleurer, à crier:

— Elle n'a qu'à lui en acheter une, à Émérentienne!

Maman m'expliqua qu'il n'y avait plus d'aussi belles poupées dans aucun magasin de Sorel, et que cette dame était non seulement l'une de ses meilleures clientes, mais qu'elle avait de plus promis de la recommander à toutes ses amies.

— Tu vas faire ta première communion bientôt, Élise, sois gentille pour maman et fais ce sacrifice au Bon Jésus. Tu verras, tu ne le regretteras pas. Je vais t'offrir autre chose, un beau cadeau; ce que tu voudras.

Bref, après avoir versé beaucoup de larmes et à cause de toutes les cajoleries d'une mère qui pouvait se montrer si cruelle et si tendre en même temps, je finis par céder, à bout de force. Ce fut un bien gros sacrifice. Après, aucun renoncement ne me sembla pénible. À tout prendre, ce n'était pas une mauvaise chose: rien de tel pour te former le caractère... Pour ce qui est du cadeau promis, aucun ne me tentait. Je finis par choisir une corbeille à ouvrage et Mary m'apprit à broder. Durant plusieurs mois je m'arrangeai pour accompagner souvent Émérentienne chez elle, après la classe, uniquement pour apercevoir «ma» poupée. Elle était toujours posée sur une chaise au salon où nous n'entrions jamais. Je crois que c'était plutôt la mère qui voulait cette poupée comme bibelot de salon: Émérentienne n'aimait pas catiner. Elle m'entraînait dans sa chambre pour me faire admirer toutes les jolies choses que sa mère lui avait offertes, lesquelles ne m'intéressaient guère. Je n'avais qu'une envie, m'enfuir au plus tôt, pour m'arrêter quelques secondes encore à la porte du salon devant ma poupée, ma fille, que j'embrassais dans mon cœur...

Puis vint le grand jour de ma première communion! Maman tenait à me faire une belle fête, à ce que j'aie une jolie robe et à ce que tout soit parfait. Aussi, un grand mois à l'avance, ma mère, Mary et la jeune fille du magasin se mirent-elles toutes trois à la tâche pour coudre et broder mes vêtements: un pantalon de fin coton, long et bouffant, avec des volants de broderie retenus aux genoux par un galon d'élastique, une chemisette comme le pantalon, en coton et broderie, à encolure arrondie garnie de ruban blanc. Puis un jupon de flanelle crème ourlé d'un feston brodé à la main et un second jupon de broderie bien empesé, ample et plissé à la taille. Enfin la robe, pur chef-d'œuvre! Toujours de la broderie mais encore plus fine, sur linon léger, avec des petits plis au corsage et sur le haut des manches et un col montant sous le menton. Un ruché finement froncé ornait les poignets ainsi que le haut du col, le remontant jusqu'à mes oreilles. La jupe était ample, serrée à la taille, et retombait gracieusement, montrant toute la largeur de la broderie, jusque sous le genou. Le bas du pantalon, les deux jupons et la robe, tout devait s'arrêter au même niveau. Les essayages furent nombreux et fatigants, mais enfin tout finit par être au point et le jour tant attendu arriva.

Ce matin-là, Mary, ou maman — je ne me souviens plus exactement —, m'a tressé les cheveux très haut au-dessus des oreilles et très tirés. J'en avais les larmes aux yeux; pourtant, comme c'était le jour de ma communion, je n'ai pas protesté comme j'en avais l'habitude quand on me coiffait. Les deux nattes brunes furent ramenées vers l'arrière et fixées solidement sur la nuque. On me glissa de minuscules anneaux d'or aux oreilles et, après m'avoir enfilé tous mes sous-vêtements, on me mit enfin la fameuse robe, fraîchement repassée. Et c'est alors que le supplice commença! Je me sentais engoncée jusqu'aux oreilles par le haut du col et ficelée du bas par le pantalon à élastique. La panique me saisit: comment allais-je pouvoir me rendre jusqu'à la Sainte Table et m'agenouiller pour recevoir la communion? D'autant

plus qu'il y avait d'autres complications du côté des souliers et du voile. Je ne sais si le commerce des chapeaux avait quelque peu périclité, mais ma mère avait trouvé que des souliers blancs et un voile en point d'esprit étaient un peu onéreux pour ne les porter qu'à une seule occasion. Fort heureusement, sa sœur, ma tante Vitaline Béliveau, vint à la rescousse en nous offrant une très belle paire de souliers de satin blanc, ornés d'un chou de ruban, avec des petits talons style Louis XV, souliers que ma cousine Joséphine avait portés à son premier bal. Ils étaient, bien entendu, trop grands pour moi mais, avec un bon tampon d'ouate au bout du pied, on jugea qu'ils feraient très bien l'affaire. Joséphine, qui venait tout juste de se marier, me prêta aussi son voile, que je trouvai magnifique, léger comme un souffle, avec un ourlet brodé! Hélas, il était comme les souliers, trop long! Il descendait jusqu'à terre.

— Qu'importe, avait dit maman, tu n'auras qu'à faire bien attention de ne pas t'y prendre les pieds.

Tout cela n'aidait guère à mon confort, et j'eus beaucoup de distractions dans mes prières, malgré mon attitude recueillie. Pourtant, de retour à ma place, je me sentis inondée de joie. Tout s'était très bien passé. J'avais même chanté mon *Agnus Dei* en solo, sans un accroc, ni dans mon chant, ni dans mon voile. En sortant de l'église, il me sembla que tout le monde avait les yeux sur moi, et je pensai vaguement: «Est-ce parce que je porte la plus belle robe parmi toutes les premières communiantes, ou parce que j'ai bien chanté? Ou bien serait-ce plutôt parce que je suis celle qui a les plus grands pieds?...»

Pour rentrer à la maison, nous devions emprunter un long trottoir de bois, étroit et encore tout humide d'une récente ondée printanière — on était en avril — et j'avais une peur bleue de salir les souliers de Joséphine. Heureusement, le vent soufflait assez fort, de sorte que mon long voile flottait derrière moi comme une oriflamme, sans jamais toucher le sol. C'était toujours un souci de moins. Quand je revins chez nous, tout le monde m'embrassa, la larme à l'œil, sauf mes frères qui ne trouvaient pas l'occasion triste du tout, puisqu'on allait faire la fête. Je reçus plusieurs cadeaux, dont un très beau missel en latin, de ma marraine. Bien entendu je ne savais pas lire le latin — aucune importance, puisque je ne comprenais pas non plus ce que disait le prêtre à l'autel —, mais je pouvais réciter par cœur, mot à mot, le *Confiteor,* le *Credo,* le *Pater,* le *De Profundis* et bien d'autres prières que les religieuses nous faisaient répéter comme des perroquets, sans y rien comprendre. Mère Saint-Damase disait que le Bon Dieu, lui, comprenait et que cela suffisait: *Sufficit.* Je n'aurais donc qu'à tenir le livre ouvert devant moi durant la messe et *sufficit!...* Beaucoup plus tard, à l'occasion de notre mariage, mon mari m'offrit un chapelet en nacre de perle et un beau missel doré sur tranches, car c'était la mode en ce temps-là que la mariée se présente à l'autel le chapelet et le missel à la main, au lieu de fleurs. Je fus particulièrement enchantée de découvrir que dans ce nouveau livre de prières la traduction française côtoyait le texte latin, de sorte qu'on pouvait enfin comprendre la messe.

Où en suis-je après toutes ces parenthèses? Ah oui, à ma première communion. Nous venions tout juste de rentrer à la maison après la cérémonie. La première chose que je fais, dès que j'en ai la chance, c'est d'ôter les fameux souliers de satin blanc et de chausser illico mes souliers noirs. Ceux du dimanche, parce que les autres jours je porte des bottines, noires aussi, lacées et montant assez haut pour bien maintenir la cheville. Naturellement, je garde ma belle robe blanche et tous les dessous un peu trop raides à mon goût, mais c'est ma première communion, il faut ce qu'il faut. Tout l'après-midi, des gens viennent nous rendre visite: parents ou amis, des clientes de ma mère aussi, et tout ce monde me gâte par des présents, des souvenirs de première communion. Nous offrons du thé aux grandes personnes, du chocolat aux enfants. Le gâteau-surprise de Mary est un véritable chef-d'œuvre, tout blanc et décoré de fleurs de lys en sucre et de petites feuilles de papier d'argent. Albert et Toutou sont d'accord, pour une fois: il est fameux, ce gâteau! Enfin, cette journée mémorable arrive à son terme, les derniers visiteurs (les intimes qu'on avait retenus à souper) prennent congé, avec encore des baisers et des félicitations. Moi, je tombe de fatigue et j'ai un peu mal au cœur.

Ce n'est que dans mon lit, juste avant de me laisser glisser dans mes rêves d'enfant, que je comprends soudain et que je goûte pleinement la seule réalité d'importance dans tout ce qui s'est passé aujourd'hui. Je viens de découvrir que tout ce qui compte vraiment c'est l'Amour dont j'ai été l'objet en ce magnifique jour de printemps 1889.

Après ma première communion, j'entrai comme pensionnaire chez les dames de la Congrégation Notre-Dame. À la maison, j'étais plutôt capricieuse, et volontaire avec ça, surtout sur le chapitre de la nourriture: «J'aime pas ça. C'est trop cuit (ou pas assez). J'aimerais mieux du pain doré. Je voudrais des crêpes au sirop d'érable», et le reste. Mary était toujours là, quand ce n'était pas maman, pour se plier à tout. Mes frères non plus ne se privaient pas d'imposer leurs quatre volontés, et notre pauvre mère manquait beaucoup d'autorité; elle se fâchait parfois et parlait très fort, comme pepère Larue mais, comme lui, personne ne l'écoutait. À table, je buvais du thé avec beaucoup de lait et de sucre, Albert appelait ça mon bubusse, et je suçais littéralement ma tasse, les yeux fermés, buvant à toutes petites doses, de sorte que cette cérémonie durait longtemps. Les psychologues diraient aujourd'hui qu'on m'a sevrée trop tôt. Je n'en sais rien. En tout cas, maman a bien essayé de me faire abandonner cette déplorable habitude du bubusse:

— Je n'ai jamais vu d'aussi mauvaises manières à table. Dans le monde, où as-tu pris ça? Écoute donc, Élise, tu es trop grande maintenant pour te comporter comme un bébé.

Mais je n'en démordais pas, comme d'ailleurs d'une foule d'autres caprices, et ce fut probablement l'une des raisons pour lesquelles on me mit au pensionnat. Il y avait aussi la question du langage. À Saint-Ours, nous parlions assez bien dans la famille, mais à Sorel mes frères, qui fréquentaient un tas de gamins dans les rues, prirent vite l'habitude de s'exprimer comme eux. Chez les religieuses, même en tant qu'externe, je m'appliquais beaucoup et décrochais toujours la meilleure note de bon langage. Mais sitôt rentrée à la maison, mes frères se moquaient de moi; ils se mettaient la bouche en cœur et répétaient toutes mes paroles en m'imitant de façon exagérée. Il n'en fallait pas davantage pour me faire abandonner, moi aussi, mon langage correct. Maman, qui s'était bien promis de faire de moi une vraie demoiselle, pensa que le meilleur remède serait de m'éloigner le plus possible de la table familiale. Au début, la vie de pensionnat fut terriblement dure pour moi. Inutile de dire que je détestais la cuisine des bonnes sœurs. Sauf leur pâté chinois, qui reparaissait environ une fois par semaine, et aussi les tartines de mélasse aux collations. Pour le reste, n'eût été ce que ma mère m'apportait aux jours de visite, je n'aurais presque rien mangé. Je n'appréciais guère non plus la discipline rigoureuse: tout à heure fixe, jour après jour; les interdictions diverses, accompagnées de sanctions, comme de courir dans les corridors par exemple, ce qui me tentait follement. Sur ce point je me rattrapais aux récréations où je battais tout le monde à la course aussi bien qu'au saut à la corde. Selon moi, les religieuses n'étaient pas justes envers toutes les élèves. J'appris ce qu'était le favoritisme.

Par ailleurs je pris vite goût aux études. Je prenais des leçons de piano et de solfège, et les religieuses me faisaient de plus en plus souvent chanter à la chapelle. On disait que j'avais une voix d'alto, ce qui était surprenant chez une aussi jeune personne. Avec tout cela je commençais à me faire remarquer et j'avais quelques amies de mon âge, mais ça n'empêchait pas que maman et Mary me manquaient terriblement; mes frères aussi, qui me faisaient pourtant enrager si souvent.

Un jour que nous formions les rangs pour aller en promenade, une grande du cours des sous-finissantes (elle devait bien avoir seize ou dix-sept ans) s'approche de moi et me dit:

— Élise, veux-tu que je sois ta Grande Amie? C'est la coutume ici. Chaque finissante ou sous-finissante choisit une élève des petites classes et devient ainsi sa Grande Amie.

— Je veux bien, mais on n'a pas souvent l'avantage de parler aux grandes...

Alors elle m'explique qu'on peut se sourire à l'occasion et s'écrire des petites lettres gentilles, qu'on échange en cachette.

— Tu verras comme c'est amusant. Et puis on partage ce que nos parents nous apportent aux visites des jeudis et des dimanches.

J'étais très flattée qu'une grande s'intéresse à moi et m'ait ainsi choisie pour devenir sa Petite Amie. Je me mis à penser souvent à elle les jours qui suivirent, et je guettais les occasions de l'apercevoir et de lui sourire d'un air complice. Le samedi suivant, elle passa près de moi à la chapelle et me glissa un petit billet plié en quatre: «Souviens-toi que je suis ta Grande Amie. Je te verrai demain, compte sur moi.» Le lendemain, dimanche, maman vient me voir au parloir comme d'habitude. Elle m'apporte une pomme, des galettes au beurre et du sucre à la crème, au vrai sucre d'érable, mes délices! Maman partie, je me hâte d'aller porter mes provisions au dortoir, dans mon tiroir de chiffonnier, avant de me rendre à la chapelle pour le chapelet, mais ma Grande Amie m'attend au détour de l'escalier, tout sourire et les yeux brillants:

— Qu'est-ce qu'elle t'a apporté, ta mère?

J'ouvre mon sac, toute joyeuse. Ma Grande Amie saute sur la pomme et l'enfouit dans sa poche de sœur puis, en moins de temps qu'il n'en faut pour le dire, elle met dans un petit sac qu'elle avait apporté deux ou trois de mes galettes et quelques morceaux de mon sucre à la crème. Elle me tend ce petit sac avec son plus gracieux sourire, comme on offre un présent, et se sauve avec le reste de mes provisions. Le moment de surprise passé, je me dis qu'elle craignait sans doute d'être en retard à la chapelle, que sûrement demain elle allait me faire partager les friandises qu'elle avait elle-même reçues. Mais la belle m'évita jusqu'au jeudi. Ce jour-là, à la fermeture du parloir, elle m'attendait encore au haut de l'escalier, le sourire aux lèvres et un petit sac vide à la main. Et là, tout d'un coup, la moutarde me monta au nez (vraie petite-fille d'Anoflette que j'étais). Tenant mon sac de petits pains d'épice et de tire au miel derrière mon dos, je lui fis savoir ma façon de penser: elle n'avait jamais été ma Grande Amie, j'avais été bien sotte de croire à ses belles paroles, mais c'était fini, cette histoire-là! J'ajoutai que si elle essayait encore de me dépouiller, j'en parlerais à ma mère. Comme j'élevais le ton, elle eut sans doute peur de voir apparaître une religieuse et elle disparut comme par enchantement. Ai-je besoin d'ajouter qu'après cela elle ne me sourit plus? Quant à moi, je me promis qu'à l'avenir je me méfierais des trop belles paroles d'amitié. Ma mère, toujours pleine de sagesse et de bonté, me dit plus tard, lorsque je lui racontai cette aventure:

— Je comprends ta déception, Élise, d'avoir été trompée de la sorte, pas seulement à cause des bonbons, mais surtout parce que tu avais cru à cette amitié. C'est ça, hein? Eh bien, je vais te dire une chose, ma chère petite fille: j'espère que cette expérience malheureuse ne te rendra pas trop défiante envers les autres, car tu sais, sans aller jusqu'à la crédulité et à la sottise, il vaut mieux accorder sa confiance et être déçue à l'occasion, plutôt que de rejeter le don de l'amitié qui peut être sincère et durer parfois toute la vie.

Cette leçon porta ses fruits. Je me fis par la suite de nombreuses amies, dont ma chère Éva Dagenais, qui était dans ma classe et avait à peu près mon âge et avec qui j'ai toujours partagé, non pas seulement des friandises, mais nos joies et nos peines, nos espoirs et nos déceptions, et cela durant une cinquantaine d'années, c'est-à-dire jusqu'à sa mort, ma chère, ma vraie grande amie...

L'année scolaire s'acheva sans autres faits très marquants et j'allai passer quelques jours de vacances à Saint-Ours, retrouver pepère et memère et ma petite cousine Éva Chagnon. Maman vint nous voir un dimanche et, après un entretien confidentiel avec ses parents, on nous apprit que c'était décidé pour la rentrée: Éva viendrait elle aussi poursuivre ses études à Sorel chez les Dames de la Congrégation; elle serait pensionnaire avec moi, sous la tutelle et la surveillance de maman. Éva devenait ainsi vraiment ma petite sœur! Nous étions folles de joie toutes les deux et, pour la première fois, je crois bien que nous avions hâte de quitter nos grands-parents et cette maison si accueillante, avec son merveilleux jardin.

Nous ignorions à ce moment-là que nous n'y reviendrions jamais plus...

Chapitre IV

ÉLISE PREND ÉVA SOUS SON AILE — ALERTE AU
COUVENT: IL Y A UN MOUTON NOIR PARMI LES
PENSIONNAIRES! — BOULEVERSEMENTS AU SEIN DE
LA FAMILLE — PROJETS D'AVENIR — UNE ANNÉE
ÉPROUVANTE — DEVIENDRONS-NOUS
AMÉRICAINS?

Je nous revois encore, Éva et moi, nous présentant au couvent dès le début de septembre. Ma petite cousine était très timide, je la sentais tout effarouchée, mais je la pris en charge tout de suite. Je lui avais déjà raconté mon histoire de Grande Amie et je réitérai mes recommandations afin qu'elle ne tombe pas elle aussi dans le piège. Comme elle n'était pas dans la même classe que moi, nous ne nous voyions guère qu'aux récréations, mais là je m'occupais d'elle à plein. Elle n'était pas très forte à la course, mon Éva, ni d'ailleurs à aucune autre espèce de jeux sportifs, et je compris très vite que les capitaines d'équipe avaient tendance à la négliger, alors que moi, j'étais toujours choisie lorsque se formaient les camps. Aussi, dès le début, je posai comme condition qu'Éva fasse partie de la même équipe que moi:

— Qui veut m'avoir choisit aussi ma cousine. Voilà!

Je me mis à l'entraîner, mais elle n'était vraiment pas très douée. C'était tout autre chose en classe, où elle brillait, surtout en grammaire et en composition. Maman nous visitait régulièrement et, les jours de sortie (congé de la fête de M. le curé ou de Mère Supérieure; vacances de Noël, de Pâques, etc.), Éva venait les passer chez nous. C'était la fête. Plus tard, ma cousine et moi avons souvent évoqué ces souvenirs d'enfance. J'avais alors douze ans, Éva dix, mais je crois que nous avions l'une et l'autre la mentalité des enfants de sept ans d'aujourd'hui. Tiens, je me souviens d'une fois, par exemple, où nous avions voulu épater des petites filles du voisinage en croquant à belles dents, avec l'air de savourer les plus délicieuses sucreries du monde, des cornichons au vinaigre que Mary venait de mettre en conserve. Nous disions, les lèvres pincées, les joues tirées en dedans par le piquant du vinaigre:

— Ces bonbons, mon Dieu, que c'est délicieux!

— Oui, et ça coûte tellement cher…

Les petites voisines nous regardaient d'un air étrange, et nous pensions qu'elles étaient dévorées d'envie. Nous avons compris plus tard qu'elles devaient se dire: «Elles sont folles, ces filles. Parce qu'elles sont pensionnaires au couvent des Sœurs, elles pensent qu'on n'a jamais vu de cornichons, nous autres, p'têt ben.» C'est vrai que nous étions folles. Comme tous les enfants qui ont un excès d'imagination: c'est la folle du logis qui se débride et cavale.

Parmi mes souvenirs de ce temps-là, je me rappelle aussi la commotion que j'ai causée un jour aux bonnes sœurs et qui faillit me coûter mon renvoi. C'est le début de l'automne et, alors que nous faisons notre promenade habituelle en longue file, deux par deux, nous contournons le presbytère comme à l'accoutumée. En passant devant la cuisine, j'aperçois sur le rebord de la fenêtre sept ou huit magnifiques tomates qui finissent de rougir au soleil. L'eau m'en vient à la bouche. J'ai faim et «quelque diable aussi me poussant» sans doute, je n'hésite pas un instant et je fais disparaître en un tournemain la plus belle et la plus ronde de ces tomates si appétissantes. Malgré la promptitude du geste, il ne passe pas inaperçu. Au retour de la promenade, alors que j'ai à peine eu le temps de savourer le fruit de ma convoitise, on vient me prévenir que Mère Supérieure m'attend dans son bureau. Ce n'est qu'à cet instant que je commence à me sentir coupable, et j'entre chez la Supérieure les joues aussi empourprées que la tomate. Inutile de dire que j'écope toute une semonce. Il n'y a jamais eu, paraît-il, de voleuses dans ce saint couvent, et l'on me fait comprendre sans équivoque possible que mon larcin est bel et bien un crime. Que dis-je, un crime, un sacrilège! Puisque la tomate que j'ai dérobée est le bien du curé. Aussi Mère Supérieure exige-t-elle que j'aille sur-le-champ me présenter devant M. le curé pour lui confesser mon forfait.

Je me rends donc au presbytère, accompagnée d'une autre élève comme témoin, qui a la consigne de m'attendre à la porte. Le bon curé me reçoit dans son parloir, tout étonné de cette démarche inhabituelle. D'abord, il ne comprend rien à mes explications embarrassées. Quand enfin l'embrouillamini est dissipé, il en paraît soulagé, presque autant que moi, et me dit comme ça:

— Quoi, quoi, une tomate? Qu'est-ce que c'est que cette histoire? Es-tu bien sûre que c'est Mère Supérieure qui t'envoie?

Devant mes hochements de tête répétés, la réponse lui paraît évidente et, avec une petite tape sur la joue, une caresse, il me reconduit en disant:

— Va, va, ce n'est rien. Une tomate! Est-ce qu'elle était bonne, au moins? Je vas quand même dire à la cuisinière de ne plus en laisser, comme ça, à portée de la main de tout le monde.

Croire que l'aventure finit là, ce serait méconnaître nos sœurs du siècle dernier. Lorsque je rapportai à Mère Supérieure les paroles du curé, elle me dit qu'il avait été trop indulgent.

— Sans sa grande bonté, ma fille, vous auriez reçu la pénitence sévère que vous méritiez. Mais les choses n'en resteront pas là, soyez-en certaine. Votre mère sera prévenue et c'est elle qui devra vous punir.

Dès le jeudi suivant, maman venait à peine d'entrer au parloir que la portière vient la quérir de la part de Mère Supérieure. Aussitôt mise au courant du déplorable incident, maman s'écrie:

— Pauvre petite, c'est pourtant vrai, j'avais oublié combien elle aime les tomates! Je vais lui en apporter dimanche.

Et elle sort avec le sourire, en remerciant la Supérieure supérieurement éberluée. Le lundi suivant, à la promenade, je déposai discrètement sur la fenêtre de la cuisine du presbytère ma plus belle tomate parmi celles reçues la veille. Je ne sais si ce geste fut aussi rapporté à Mère Supérieure, en tout cas, je n'entendis plus jamais parler de cette histoire... potagère.

Le reste de l'année dut se passer sans autre incident marquant puisque je n'en ai presque rien retenu.

La mémoire, c'est souvent comme une passoire: elle ne retient que le plus gros, les événements-chocs. Toute la grisaille des jours plus ou moins semblables s'écoule et se perd dans le trou noir du temps. Et soudain, on ne sait trop pourquoi, remonte à la surface quelque parcelle du passé retenue depuis fort longtemps au fond de la souvenance.

Ainsi en ce moment, je me souviens tout à coup de grand-maman Élisa, ma marraine. Mon grand-père Chapdelaine était décédé à Saint-Ours, à l'âge de soixante-cinq ans, ce qui me paraissait très, très vieux. Sa femme était alors revenue à Sorel dans la maison qu'elle avait longtemps habitée avec son mari. Elle venait me voir quelquefois au pensionnat, mais elle préférait me recevoir chez elle durant mes congés. Cela ne me souriait guère. Je trouvais sa maison sombre et froide, et ces rares journées passées auprès d'elle me privaient de mes ébats à la maison avec Éva et mes frères. Par contre, je savais combien elle avait d'attachement pour moi et je sentais que ma présence lui plaisait beaucoup. Quand j'étais avec elle, son visage aux grands yeux noirs d'Italienne s'éclairait d'un pâle sourire que j'aimais bien. Elle me prenait par la main et m'amenait devant le buffet de la salle à manger; elle ouvrait l'une des petites portes et exhibait un plateau de sucre à la crème qu'elle m'offrait cérémonieusement. Elle me regardait en manger et épiait sur ma figure le plaisir qu'il ne devait pas manquer de me causer. Par malheur, ce sucre était toujours un peu vieux et goûtait légèrement le camphre. Pour ne pas la chagriner, je disais qu'il était très bon, en espérant tout bas que le Bon

Dieu me pardonne ce mensonge. Un jour, elle me fit admirer son beau collier d'argent fin, œuvre d'un orfèvre de Florence, qui lui venait de sa mère. Il était fait de petites fleurs et de minuscules feuilles ciselées, réunies en bouquets d'une grande délicatesse. Ces petits bouquets étaient reliés l'un à l'autre au revers par de fines agrafes, ce qui rendait le collier flexible comme une chaîne. Elle me le passa au cou et me dit qu'elle me le réservait pour mon cadeau de noces. La pauvre vieille mourut avant mon mariage, mais je reçus le bijou des mains d'Anna, à qui elle l'avait confié, et je le portai ce jour-là, et très souvent aussi par la suite. Pauvre chère grand-maman Élisa! Elle quitta Sorel alors que j'étais encore au couvent et alla chercher refuge, elle aussi, chez pepère et memère Larue, nos vieillards au grand cœur.

C'est au printemps de 1891, à ce qu'il me semble, que mes grands-parents maternels quittèrent avec regret le domaine de l'écluse pour s'installer au village. Pepère avait atteint ses quatre-vingts ans et memère, soixante-dix-sept; il était grand temps pour eux de prendre leur retraite. D'autant plus que la tâche était devenue trop lourde aussi pour la cousine Anna. L'oncle Guertin, tout perclus depuis des années, était décédé, mais grand-mère Chapdelaine avait pris sa place au foyer des vieux époux. La maison où ils vinrent s'installer au village était moins spacieuse, donc plus facile d'entretien, et à proximité de tout: l'église, le docteur, les fournisseurs, enfin tout, quoi. Anna s'en réjouissait, et toute la maisonnée s'en disait satisfaite. Mais... memère avait perdu sa gaieté. M'est avis que c'était son jardin et, par-dessus tout, ses roses qu'elle regrettait le plus...

Une autre année passa, puis Albert, qui venait à peine d'avoir dix-sept ans, déclara ne plus vouloir poursuivre ses études. Il voulait travailler, gagner de l'argent, aussitôt imité en cela par Toutou. Maman gronda, gémit, plaida, mais sans succès, en tout cas auprès d'Albert. Elle obtint au moins de Toutou qu'il continuât à étudier pendant encore un an, histoire de voir d'abord comment allait s'en tirer son aîné. Albert fut donc tour à tour messager, livreur, commis. Puis il entra chez un imprimeur en qualité de commission- naire et d'apprenti. Il s'intéressa tout de suite à la ty- pographie, rêva de passer maître et de se trouver un jour à la tête de sa propre imprimerie.

Éva et moi poursuivions nos études très sérieuse- ment et commencions de notre côté à ébaucher des rêves d'avenir. Jamais, au grand jamais, je n'ai désiré devenir religieuse. Pour ce qui est d'Éva, je n'en suis pas certaine; elle était tellement plus pieuse que moi. Et tellement plus soumise, aussi. Moi, j'étouffais au couvent et je n'avais qu'un désir: en sortir le plus tôt possible, me marier, et... avoir beaucoup d'enfants. Mais je n'avais encore que quatorze ans. Heureuse- ment que mes études m'intéressaient. J'aimais beau- coup le piano et j'adorais réciter (on disait déclamer) vers ou prose que la directrice du cours de diction me confiait à l'occasion de certaines fêtes. Bien sûr, elle n'alla jamais jusqu'à me laisser croire que j'avais quelque talent. N'empêche que j'avais toujours le pre- mier rôle aux séances du couvent. Mes amies disaient de moi que j'étais imbattable à la course et difficile à égaler en déclamation. Franchement, je n'en tirais aucune vanité; mais tout simplement un grand plaisir.

À propos des religieuses, un exemple suffira à montrer à quel point elles pouvaient parfois être arriérées à cette époque: celui de notre toilette personnelle. Le matin, au saut du lit, nous n'avions que le temps de nous laver les mains et de nous asperger le visage d'eau froide. Mais le samedi soir, avant de nous mettre au lit, c'était la grande toilette hebdomadaire et obligatoire. Bien entendu, il n'y avait pas de salle de bains, mais, au dortoir, chaque pensionnaire avait sa cuvette et son pot à eau sur le chiffonnier à côté du lit. Les rideaux bien tirés tout autour pour nous isoler complètement, nous avions ordre de nous dévêtir et d'enfiler tout de suite, comme chaque soir, notre robe de nuit, puis de procéder rondement à nos ablutions. Au bout de quelques minutes, les religieuses surveillantes venaient faire leur inspection, non sans demander d'abord si nous avions fini et si nous avions revêtu notre jaquette propre. Les retardataires s'entendaient dire d'une voix sèche et péremptoire, accompagnée de deux ou trois claquements des mains:

— Allons, allons, pressez, pressez!

Puis, le rideau ouvert, la surveillante examinait le linge propre pour la semaine à venir, bien plié sur la petite chaise à côté du lit.

— Bon, tout est là. Les bas aussi? Bien, bien. Montrez vos oreilles, votre cou... Vous êtes-vous lavé les pieds? Bon. N'oubliez pas de rouler soigneusement votre linge sale que vous remettrez demain à votre mère.

Et c'était tout. Pour se conformer au règlement et à l'hygiène, il suffisait de se laver les oreilles et le cou, les mains et les pieds. Le reste du corps n'existait pas, ni pour les sœurs, je suppose, ni pour les élèves. Quant à nous, Éva et moi, maman nous avait bien recommandé de savonner et de rincer soigneusement «partout, partout». Ce n'était pas chose facile dans le peu de temps qu'on nous accordait, surtout avec la robe de nuit sur le dos. Pourtant, quand nous n'avions pas fini, nous nous arrangions pour être prêtes au moment de la visite, quitte à terminer notre toilette le lendemain, avec nos aspersions du matin. Il fallait faire vite et prendre grand soin de ne pas éveiller l'attention de la surveillante, car elle n'aurait pas manqué de nous accuser d'une faute grave: celle de se complaire à sa toilette. Seigneur, heureusement qu'on n'a plus les nonnes qu'on avait!... Pourtant, en y pensant bien, si les religieuses de mon enfance manquaient de jugement et de largeur de vue en certaines circonstances, elles n'étaient pas les seules à cette époque et, en toute justice, il faut bien admettre qu'il y avait parmi elles des femmes de cœur et de grandes éducatrices. Mais laissons le couvent pour l'instant, nous aurons sûrement l'occasion d'en reparler plus tard.

L'année suivante, c'est-à-dire en 1893, commença à s'échafauder une série d'événements qui devaient modifier considérablement le cours de nos existences.

Tout d'abord, ce fut Mary qui nous quitta, avec autant de chagrin que nous eûmes à la voir partir. Elle s'en allait pour prendre soin de son vieux père, quelque part au Nouveau-Brunswick, et nous pensions tous que nous n'allions plus jamais nous revoir. Cette séparation fut un véritable déchirement pour tout le monde et, de plus, plongea maman dans un grand embarras. Elle abandonna sa boutique de Modes pour se consacrer uniquement à la maison et à sa famille. Toutou avait maintenant quitté le collège et essayait de se trouver du travail, mais il avait peu de santé et ne gardait pas longtemps ses emplois successifs. Albert ne gagnait pas beaucoup d'argent non plus, de sorte que les économies que ma pauvre maman avait pu faire fondaient à vue d'œil et, je le voyais bien, elle était rongée par l'inquiétude.

Sur ces entrefaites, cependant, un événement heureux survint à point pour la dérider un peu et l'occuper durant plusieurs jours. Un grand branle-bas agita toute la famille: les préparatifs importants en vue de célébrer les noces de diamant de nos grands-parents. Soixante ans de mariage, c'était rare, même en ce temps-là! Il fallait fêter ça. Vitaline Béliveau, la fille aînée (et la plus riche du clan), prit l'initiative du mouvement et on tomba d'accord pour que la fête soit donnée à l'extérieur de la maison, celle-ci n'étant pas assez grande pour recevoir tous les invités. On décida aussi que cette réunion champêtre aurait lieu au mois d'août, le 1er octobre, date anniversaire réelle du mariage, n'étant vraiment pas propice à cause de la saison et parce que les enfants seraient alors à l'école. Toutes les femmes de la famille se mirent donc à la tâche, et la grande réunion eut lieu le samedi 12 août. Il faisait un temps superbe. Sur la photo souvenir, on voit, assis au centre du groupe, pepère (quatre-vingt-deux ans) et memère (soixante-dix-neuf) entourés de toute la famille, ou presque. À côté des jubilaires, trône Vitaline; maman est debout derrière grand-mère Noflette, et je reconnais mon frère Albert, à droite; tout au fond, entre Armand Béliveau et Toutou, la petite vieille au visage triste et chiffonné, c'est ma grand-maman Élisa. Au premier rang, assises presque à terre sur un petit banc, jambes allongées, on retrouve Éva et moi, serrées l'une contre l'autre, l'air presque aussi jeune, ma parole, que les enfants qui nous entourent. J'avais pourtant quinze ans, mais je n'étais pas encore grande fille, comme on disait. Ce fut une grande et belle fête, pleine de rires et de chansons, et avec des quantités de victuailles. Oh oui, ce fut une bien belle fête (qui avait débuté, comme il se doit, par une grand-messe à la paroisse). Nous, les enfants, nous nous y amusions d'autant plus que nos vacances touchaient à leur fin: la masse sombre du couvent se profilait dans notre pensée derrière les arbres du jardin.

Le lendemain de ces réjouissances, il fallut bien que maman envisage de nouveau la situation et trouve le moyen de sortir de l'impasse. L'éventualité de trouver une remplaçante à Mary et de se remettre à la confection de chapeaux ne lui paraissait pas réalisable, du moins à court terme. Non, il fallait se tourner vers une autre solution…

Depuis longtemps déjà, notre mère entretenait une correspondance assidue avec Aldéric, son plus jeune frère, et avec les cousins Maugé. Ils étaient tous établis aux États-Unis, la plupart à Lowell dans l'État du Massachusetts, où la colonie franco-américaine était particulièrement florissante. Tous ces parents la pressaient d'aller les visiter, et l'oncle Aldéric parlait même de bons emplois offerts aux jeunes gens dans plusieurs domaines. Ma mère se mit à songer sérieusement à la possibilité d'aller explorer de ce côté-là. Mais quand? Elle n'en savait rien encore. Pour l'instant, c'était la rentrée et elle nous laissa retourner au couvent, Éva et moi. Toutefois, elle me fit comprendre que cette année serait la dernière: j'allais avoir seize ans en janvier et, ensuite, il serait temps pour moi de l'aider, au moins à la maison. Bien sûr, la vie au couvent ne me manquerait pas. Ce qui me chagrinait, c'était la pensée de quitter mes études sans avoir pu terminer le cours, et je pris la résolution d'apprendre le plus et le mieux possible en cette dernière année.

Les jours, les mois s'écoulèrent lentement, régulièrement, tels les grains minuscules du sablier qui était posé sur la cheminée de pepère et memère Larue. Noël, le jour de l'An passèrent, puis j'eus seize ans. Je m'aperçus que mes seins commençaient à poindre; il était temps. Toutes mes compagnes avaient des rondeurs très apparentes sous leur uniforme de pensionnaire. J'avais presque peur d'être infirme! D'autant plus que je n'avais toujours pas mes règles, ces fameuses règles dont ni ma mère, ni les religieuses ne m'avaient jamais parlé. Ce fut mon amie, Éva Dagenais, qui m'instruisit à ce sujet, mais elle ne savait ni pourquoi ni comment cette chose étrange advenait aux filles à l'âge de la puberté.

Enfin arriva le congé de Pâques, avec les premiers bourgeons. Éva et moi étions venues, comme toujours, passer cette belle fête à la maison. Maman en profita, un soir, après le souper, pour nous mettre tous au courant de ses réflexions des derniers mois. La vie devenait difficile à Sorel, Albert et Toutou n'avançaient pas beaucoup sur le marché du travail, alors que l'oncle Aldéric parlait de grandes possibilités à Lowell.

— Et moi-même, ajouta maman, je trouverai peut-être là-bas à exercer de nouveau mon talent pour les chapeaux. Faudrait voir...

Sans attendre davantage, elle proposa à mes frères de l'accompagner en visite chez les cousins de Lowell, histoire de renouer connaissance avec cette branche de la famille et d'étudier, sur place, leurs chances d'avenir à tous les deux.

— Si tout va bien, je trouverai à nous loger et Élise pourra nous y retrouver à la fin de son année scolaire. Dans le cas contraire, rien ne nous empêcherait de revenir ici, tout simplement.

Immédiatement, les garçons se laissèrent tenter par l'aventure, d'autant plus qu'ils désiraient apprendre l'anglais, langue qui leur semblait de plus en plus nécessaire pour réussir en affaires. Quant à moi, la perspective de quitter Sorel pour l'étranger me parut une catastrophe, rien de moins: la foudre venait de me frapper!

— Mais Élise, voyons, sois raisonnable. Ce que je te propose, c'est tout simplement de terminer ton année au couvent, tel qu'entendu, puis, alors qu'Éva s'en ira comme d'habitude passer ses vacances à Saint-Ours, toi tu viendras passer les tiennes aux États, avec des cousines et des cousins américains; ensuite, nous verrons...

Malgré les arguments de mes frères et la confiance apparente de notre mère, mon angoisse persistait. Je jetai un coup d'œil à Éva qui n'avait pas ouvert la bouche durant nos pourparlers. Son regard tranquille m'apaisa. Je pensai aussitôt: «C'est vrai, nous en avons encore pour deux bons mois à être ensemble au couvent... après, nous verrons...»

Maman, Albert et Toutou (pardon, Rodrigue désormais, comme il l'avait exigé) commencèrent à préparer leur voyage dès notre retour au pensionnat et ils partirent bientôt, pleins d'espoir, tandis que s'ouvrait pour moi une période particulièrement difficile. Quelques jours à peine après le départ de ma famille, voilà que je tombe malade. Les religieuses pensent tout d'abord que c'est la grippe: toux, maux de tête, saignements de nez, et puis la fièvre qui me secoue de frissons. Au bout d'une semaine, je ne vais pas mieux et on fait venir le docteur des religieuses. Il m'examine et s'en va, l'air perplexe, en prescrivant le repos. Mais quand, un peu plus tard, des petites taches rouges m'envahissent le visage, et bientôt tout le corps, le doute n'est plus possible: j'ai la rougeole. On aurait vite fait de me renvoyer dans mon foyer si maman eût été là, mais, dans les circonstances, les religieuses furent bien obligées de me garder et de m'isoler à cause du danger de contagion. On m'installa donc dans une petite chambre à côté de l'infirmerie où, seule, pouvait pénétrer la sœur infirmière. Cette religieuse était un ange! (Elle se nommait d'ailleurs Mère Sainte-Angèle). D'un dévouement et d'une douceur extrêmes, elle me réconcilia avec toutes les sœurs. Je retrouvais chez elle les soins attentifs dont m'aurait entourée ma propre mère, qui me manquait tellement en ces jours difficiles.

J'appris plus tard que mon état avait inquiété le bon vieux docteur parce que la rougeole, à seize ans, c'est beaucoup plus grave que chez les tout jeunes enfants, et la toux et la fièvre persistantes lui faisaient craindre l'infection des poumons. La Supérieure décida donc de faire prévenir maman dès le lendemain, si je n'allais pas mieux. Ce soir-là, je me plaignis de quelques coliques accompagnées de nausée mais, après un bain d'éponge pour faire baisser ma température, Mère Sainte-Angèle me fit boire un bon lait chaud et je finis par m'endormir paisiblement. Au matin, le docteur passa me voir avant de faire son rapport à Mère Supérieure et constata une légère amélioration de mon état. Après quelques mots échangés avec la religieuse, le cher homme s'assit de nouveau près de moi et me dit que tout danger était passé du côté de la rougeole, puis il m'apprit en souriant que j'avais commencé mes premières règles. Devant mon air inquiet, sans doute, il ajouta que ce n'était pas une maladie mais, au contraire, une bien belle chose puisque j'étais devenue une vraie jeune fille, prête à se marier et à avoir des enfants. C'était donc ça, le grand mystère! (Attends que je le dise à Éva Dagenais: il fallait avoir cette chose pour pouvoir avoir des enfants!) Je n'étais donc pas infirme, mais semblable à toutes les femmes, même à la Vierge Marie…

Un peu plus tard, ma bonne Mère Sainte-Angèle, mon ange gardien, m'apporta un bouillon chaud qui finit de me réconforter tout à fait. Je me rétablis peu à peu de cette affreuse rougeole et, ma quarantaine terminée, je pus enfin retourner en classe. J'avais quitté mes compagnes en enfant rougeoleuse et je leur revenais en jeune fille. Je croyais naïvement que mon apparence en serait transformée, tel le papillon sortant de sa chrysalide, mais le seul changement c'était que j'avais un peu grandi et maigri. Je fus stupéfaite de me retrouver, à ce qu'il me parut, tout allongée, dégingandée, une vraie pouliche du printemps!... Qu'importe, je m'en étais tirée et j'éprouvais tant de joie à retrouver mes deux Éva!

Il va sans dire que j'avais du rattrapage à faire dans mes études, bien que, durant ma convalescence, j'eusse continué à étudier les leçons de mes divers livres de classe. Je me mis à bûcher ferme, car les examens approchaient. Jamais ma mémoire ne fut mise à plus rude épreuve. Fort heureusement, je réussis à passer avec une assez bonne note. Maman avait prévenu qu'elle serait là pour la séance de fin d'année et la remise des prix. Ce qui me chagrinait, c'est que, pour la première fois, je n'aurais aucun rôle dans cette séance, Mère Supérieure ayant jugé que ce serait trop me demander que d'apprendre par surcroît un texte quelconque, sans compter les répétitions.

Tout de suite après la séance, il nous fallut ramener Éva à Saint-Ours chez nos grands-parents et, par la même occasion, les voir et les embrasser avant de nous expatrier, peut-être pour toujours. Car maman nous avait appris que tout allait pour le mieux à Lowell: Albert et Rodrigue s'étaient trouvé un emploi assez bien rémunéré, et elle-même travaillait chez une modiste. Elle avait loué deux chambres chez une famille et, tel que convenu, elle retournait là-bas avec moi. Je quittai donc le couvent et Sorel, le cœur gros. J'y laissais de bonnes amies de mon enfance et de mon adolescence, et c'est en pleurant que j'allai dire adieu à ma chère Mère Sainte-Angèle…

Chapitre V

Chère memère Larue! Je la revois encore comme nous l'avons quittée avant notre départ pour Lowell. Nous l'avions trouvée vieillie, diminuée, mais nous étions loin de nous douter alors qu'elle disparaîtrait pour toujours moins d'un an plus tard. L'annonce de sa maladie, au début du printemps 1895, précipita notre retour.

Hé, me voilà déjà de retour des États-Unis sans avoir parlé de mon séjour là-bas! C'est que cette période de ma vie, c'est un peu comme un rêve, flou et inconsistant. J'étais arrivée épuisée, d'abord par cette maladie infectieuse des derniers mois, puis par l'effort considérable que j'avais dû fournir pour terminer mon année scolaire. J'étais maigre et pâle, et complètement dépourvue d'appétit. Je ne serais pas du tout étonnée d'avoir subi là une première crise d'anémie. Maman s'inquiéta: mon père était mort si jeune. Ma tante Hermine Duhamel, la sœur de papa, était décédée elle aussi depuis longtemps déjà. La cousine Maugé recommanda un médecin qui me prescrivit un tonique, du repos et de la distraction. Ma jeunesse, mon amour de la vie et ma constitution, probablement plus solide qu'il n'y paraissait, firent le reste. En plus des jeunes cousins Maugé, nous avions retrouvé à

Lowell la famille Duhamel, les enfants de tante Hermine justement, qui habitaient avec leur père, Henri Duhamel. De cette famille de sept enfants, mes préférés étaient sans aucun doute Élisabeth et Rodrigue. La seule chose dont j'aie gardé un excellent souvenir, c'est que, en cet été magnifique, mes cousins, mes cousines, mes frères et moi avons fait plusieurs excursions intéressantes avec des copains américains. J'ai appris rapidement à parler leur langue et, avec le retour à la santé, mon humeur chagrine et la dépression qui m'habitait à mon arrivée me quittèrent peu à peu. Je me souviens pourtant que je pleurais encore quelquefois la nuit. Je ne pouvais pas m'habituer à l'idée de devoir vivre longtemps (peut-être toute ma vie) loin d'Éva et de tout ce que j'avais laissé derrière moi.

Mais il arriva que, durant l'hiver, je m'aperçus que mes frères n'étaient plus aussi enthousiastes qu'au début. Ils parlaient très bien l'anglais maintenant tous les deux, et Albert devenait de plus en plus compétent dans l'art de l'imprimerie. La typographie semblait n'avoir plus de secrets pour lui; il ne parlait que de composteurs, de formes, de galées, de caractères, de pote; tous ces termes de métier que nous ne comprenions pas, ni en anglais comme il nous les disait, ni dans la traduction du dictionnaire, mais il nous débitait tout cela un peu, même beaucoup je pense, pour nous épater. Par ailleurs Rodrigue (Rod, en américain, ou Toutou comme avant pour nous) réussissait très bien aussi comme vendeur dans un grand magasin. Eh bien, malgré tout cela, je me doutais qu'ils commençaient à souffrir du mal du pays, comme moi. Je soupçonnais aussi maman, bien qu'elle n'en dise jamais rien, d'éprouver le même malaise. Elle parlait souvent de Saint-Ours, s'inquiétait de la santé de ses parents et restait de longs moments songeuse, l'aiguille à la main, immobile. Moi, mine de rien, je ne ratais jamais l'occasion de ranimer la flamme du souvenir dans ces esprits et ces cœurs engourdis, en rappelant tel ou tel fait de notre vie à Saint-Ours ou à Sorel. Maman soupirait, Albert me lançait un regard sombre et Toutou piquait du nez dans son journal. Je comprenais alors que j'avais attisé la petite braise qui rougeoyait un peu, et mon espoir grandissait.

Si bien que, lorsque la nouvelle nous est parvenue que memère n'allait pas bien, ce fut comme un coup de vent qui éparpille les brindilles incandescentes et allume l'incendie. Tout le monde comprit qu'il fallait partir, et le plus vite possible. Il y avait déjà un an que maman et mes frères étaient à Lowell et moi, presque dix mois. Quand nos cousins franco-américains apprirent notre ferme décision de partir, ils en montrèrent beaucoup de chagrin. Ils nous avaient accueillis chaleureusement et nous avaient aidés de bien des façons; de notre côté nous éprouvions une grande reconnaissance, mais notre idée était faite. L'oncle Aldéric partait avec nous pour une simple visite, car il tenait à revoir ses parents, d'autant plus que la maladie de memère ne laissait pas d'être inquiétante. J'étais heureuse non seulement de retourner au pays, mais aussi de faire le voyage avec cet oncle Aldéric, mon parrain, que j'aimais beaucoup.

Tiens, le temps me semble propice pour parler un peu de lui. Il était, comme maman et ma grand-mère, peu communicatif de nature, d'une très grande timidité, et ne s'était jamais marié. Nous savions à Lowell qu'il fréquentait une demoiselle d'à peu près son âge, c'est-à-dire dans la quarantaine. Nous ne la connaissions pas et il ne parlait jamais d'elle. Lorsque nous le taquinions gentiment à ce sujet, il rougissait, puis souriait et sortait précipitamment «pour aller faire une marche», disait-il. C'était plutôt, je pense, pour couper court à la conversation. Son attitude nous intriguait fort…

Aldéric Larue était un artiste, spécialiste du portrait. Huile, aquarelle ou fusain, peu importe, il arrivait toujours à une ressemblance parfaite. Malheureusement, au village de Saint-Ours, la clientèle lui faisait défaut, et c'était pour cela qu'il était parti. Il espérait mieux réussir sous d'autres cieux. Hélas, il avait mal choisi l'endroit: les gens de Lowell n'apprécièrent pas plus son art que ceux de Saint-Ours ou des environs. La grande vogue, en ce temps-là, c'était la photographie. Photos de famille, de mariage, de bébé et tout le reste, surtout en couleurs. Comme le procédé de la photo couleur n'existait pas encore, il fallait colorier les portraits tirés en noir et blanc. C'est ce que mon oncle entreprit de faire. Il travaillait chez un grand photographe et il était très apprécié. Contrairement à d'autres artistes, qui utilisaient des couleurs criardes faisant ressembler leur sujet à un clown, il employait des teintes très douces, lumineuses, comme le pastel. Son photographe eut beaucoup de succès à cause de cela.

Que dire encore de lui? Eh bien, je sais que quelques années auparavant il avait eu des troubles de vision et que son oculiste lui avait donné un sérieux avertissement: s'il n'abandonnait pas le tabac et l'alcool, il perdrait la vue en peu de temps. Or, c'était un gros fumeur et il paraît qu'il buvait sec aussi, et beaucoup (d'aucuns disaient trop!)... Bon, ce jour-là, lorsqu'il quitta l'oculiste, il rentra chez lui, prit sa bouteille de gin et la vida dans le lavabo; puis il ramassa pipes, tabac, cigares et cigarettes et sortit sans dire un mot: il alla distribuer tout ça à quelques vieux qui traînaient sur les bancs du parc. Il ne toucha plus jamais ni à l'alcool, ni au tabac! C'était un homme comme ça, mon parrain. Il fut contraint de porter des lunettes à verres très épais tout le reste de sa vie, mais il exerça pourtant son métier si éprouvant pour la vue pendant de nombreuses années encore, toujours à Lowell, où il mourut à l'âge de quatre-vingt-cinq ou quatre-vingt-six ans.

* * *

Nous quittons donc les États et finissons par arriver à Saint-Ours, maman, l'oncle Aldéric et moi. Mes frères avaient, quant à eux, décidé de s'arrêter quelques jours à Montréal pour explorer un peu les possibilités d'embauche (ils devaient nous retrouver un peu plus tard chez les grands-parents). Il apparut tout de suite que nos craintes étaient fondées au sujet de memère. Elle avait beaucoup maigri et paraissait souffrante, mais s'efforçait de faire encore bonne figure, et elle nous accueillit avec son bon sourire d'autrefois. Peu de temps après, le médecin déclara ne plus pouvoir faire grand-chose pour elle:

— À son âge, n'est-ce pas, une inflammation d'intestin, ça ne pardonne pas...

À cette époque, c'est extraordinaire ce que les gens pouvaient mourir d'inflammation d'intestin. Aujourd'hui, on diagnostiquerait une pathologie plus précise, comme le cancer, par exemple. Ce qui, soit dit entre nous, n'empêche pas les patients de mourir de toute façon... Bref, l'état de memère ayant empiré, Éva fut ramenée du couvent. Ai-je besoin de dire que notre réunion nous combla de joie, malgré les tristes circonstances qui l'avaient provoquée, mais nous étions jeunes et nous avions tant de choses à nous dire!

Notre bonne grand-mère tant aimée s'éteignit doucement, entourée de tous les siens. C'est pepère qui faisait le plus pitié. Sa grande foi lui permit pourtant de traverser cette dernière épreuve avec courage et dans la plus grande soumission à la Providence. On m'a fait lire une lettre qu'il écrivit à sa fille Vitaline Béliveau, quelque huit mois après la mort de sa femme; je l'ai copiée textuellement, sans même corriger les fautes d'orthographe.

Saint-Ours, le 9 janvier 1896

Chère Vitaline
J'ai reçu ta lettre du trois du courant et aujourd'hui, je répons. Oui, chère enfant dans la vie nous ne pouvons pas être tous près des uns et autres pour se voir au jour de

l'an. Ça toujours été et ça sera toujours de même et aussi nous ne pouvons pas toujours vivre, il nous faut tous mourire vieu ou jeune. Pour moi et ma pauvre femme nous avons été ensemble 61 ans 1/2, c'est assez rare dans la vie mais nous [avons] eu le plaisir de le voir. Ta pauvre mère est morte bien plus vieille que tous ses frères et sœurs, de dix à douze ans même. Elé son frère est probablement mort à présent aux Etats Unis, enfin il faut vouloire ce que le bon Dieu veut dans sa sainte volonté. Oui chère enfant je te donne ma bénédiction ainsi qu'à tous tes enfants et petits enfants en espérant que le bon Dieu voudra bien vous bénir tous et vous accordez l'abondance de ses grâces. Tu as bien tes déboires aussi comme bien d'autres. Albert et Armand ont perdu leur situation par les mauvaises affaires de la banque du Peuple. Plaise au bon Dieu qu'ils en trouve d'autres qui pouront les faire vivre honorablement. Priez bien le bon Dieu en espérant qu'il viendra à votre secour, invoquez la bonne Ste-Anne, St-Antoine de Padoue, St-Benoit, enfin tous les saints et saintes du ciel, la bonne Ste-Marie imaculée conception, enfin tous les saints et j'espère que vous serez exaussés.

Mme Chapdelaine est assez [bien] et moi aussi. Anna et Eva aussi et elles [se] joignent toutes à moi pour vous souhaiter tous une heureuse année et tous une bonne santé. Embrasse tous tes enfants pour nous et dit leur de bien prier le bon Dieu car c'est par la prière que nous obtenons les grâces du bon Dieu.

Ton affectionné père
Lévi Larue

Évidemment il y a beaucoup de répétitions dans cette lettre mais, à son âge, il est bien permis de se répéter un peu. À travers toutes ces redites, moi j'entends surtout battre un grand cœur. Un cœur qui devait s'arrêter avant que l'année ne fût écoulée.

Après la mort de memère, il avait fallu, encore une fois, réorganiser nos vies. Éva ne retourna pas au pensionnat de Sorel, mais demeura avec pepère et ma grand-mère Chapdelaine et, naturellement, avec la cousine Anna. Pauvre petite Éva, ce qu'elle a dû s'ennuyer durant une bonne année et demie! Pourtant elle ne s'en est jamais plainte... L'oncle Aldéric reprit le chemin de l'exil, à contrecœur je pense mais, comme toujours, il eut grand soin de nous cacher ses sentiments. Et pour nous, les Chapdelaine, ce fut encore la grande remise en question. Mes frères étaient revenus enchantés de leur court séjour à Montréal et avaient décidé d'aller y tenter fortune. Quant à moi, le peu que j'avais pu entrevoir de cette grande ville, lors de notre arrêt entre deux trains, m'avait donné le coup de foudre! C'était bien mieux que Lowell, et c'était chez nous! Et aussi beaucoup plus beau qu'à Sorel où, dorénavant, je n'aurais pas aimé retourner. Non, c'est curieux, mais il me semblait que Montréal c'était vraiment *ma* ville, que quelque chose — ou quelqu'un? — m'attendait là. Aussi la décision de maman de suivre ses fils et d'aller s'établir avec moi en ce nouvel endroit m'enchanta. La seule ombre au tableau, c'était de quitter Éva encore une fois. Hélas, toute notre vie allait être une succession de départs et de retrouvailles.

En parlant de retrouvailles, j'étais bien aise par contre de venir à Montréal retrouver mon autre Éva, Éva Dagenais. Elle m'avait écrit à Lowell que ses parents avaient décidé de quitter Sorel pour s'installer à Montréal avec leurs filles, Éva et Alpaïde. Oui, ALPAÏDE! Le joli prénom que voilà, n'est-ce pas? Tout aussi rare que celui de Noflette (de toute ma vie je n'ai jamais rencontré d'autres femmes affligées de tels noms).

Donc, pour en revenir aux Dagenais, peu de temps après notre arrivée, nous nous empressons maman et moi d'aller leur rendre visite. À ce moment-là, nous n'avions pas encore de maison où nous loger, seulement deux chambres, comme à Lowell, dans une maison de pension, mais maman rêvait d'un grand logement où nous serions enfin chez nous, et assez vaste pour y accueillir quelques pensionnaires. À l'époque, les bonnes pensions de famille étaient très recherchées et maman s'ouvrit de son projet aux Dagenais. Ce ne fut pas long de dénicher, avec l'aide de nos amies, la maison idéale: deux étages en grosses briques d'un rose fané et un porche de pierre grise que je trouvais imposant, rue Lagauchetière près de Saint-Denis. Un quartier tout à fait respectable en ce temps-là. Moi, ce qui m'impressionna au plus haut point, outre le porche, ce fut de voir, en bordure du trottoir, devant l'entrée de chaque demeure, une sorte de petit banc en pierre de taille ou de granit. Mon enthousiasme grandit encore lorsque j'appris l'usage auquel on destinait ces blocs de pierre. Ils servaient de marchepieds pour aider les dames à monter en voiture ou à en descendre de la manière la plus gracieuse possible, en montrant juste assez de cheville pour aguicher les hommes! Les calèches découvertes étaient nombreuses, le dimanche après-midi; nous les regardions défiler sous nos fenêtres... avec discrétion.

Mes frères avaient trouvé du travail: Albert chez un imprimeur, Rod dans un magasin de vêtements pour hommes. Quant à moi, maman désirait me garder le plus longtemps possible à la maison car elle avait besoin de moi. Ce n'est que l'année suivante que j'entrai à la compagnie de téléphone Bell. Pour l'instant, il y avait l'installation à terminer, et nous eûmes presque tout de suite nos premiers pensionnaires, un couple entre deux âges, dont la femme prétentieuse se donnait de grands airs. Le mari, lui, assez bien de sa personne, avait une petite moustache cirée, dont les pointes se retroussaient et qu'il tortillait entre deux doigts tout en parlant. Il ne manquait jamais l'occasion de me décocher au passage un regard humide où brillait une petite flamme... qui me donnait froid dans le dos. Il alla même jusqu'à me glisser à l'oreille, un jour, que j'étais belle! Évidemment je ne l'ai pas cru. Moi, je ne me suis jamais trouvée jolie. Éva Dagenais, elle, était devenue très jolie; Éva Chagnon aussi. Je me souviens, lorsque j'ai retrouvé ma petite cousine à notre retour de Lowell, combien elle m'a frappée. Pourtant elle n'avait alors que quinze ans mais on devinait déjà la femme en elle. Elle avait grandi un peu durant cette dernière année et ses traits s'étaient affinés; ses cheveux, pas très longs mais qu'elle avait fins et vaporeux et qu'elle coiffait joliment en les gonflant un peu, lui faisaient comme un nuage blond autour de la tête. Elle était ravissante! Moi aussi j'avais changé depuis mon départ. La maigrichonne que j'étais s'était remplumée et j'avais, ma foi, une tournure assez plaisante, avec des rondeurs juste là où il en fallait. Cela me fait penser à la tante Cartier, venue à Saint-Ours au moment de la mort de memère et qui me dit en me voyant:

— Toi, ma fille, tu vas être comme moi. Oh, pas de visage, mais tu auras la même poitrine.

La chère tante avait en effet à la devanture une de ces tablettes monumentales que les corsets de l'époque mettaient encore plus en évidence. Il n'y avait pas de soutiens-gorge alors, tout était dans le corset baleiné et très serré à la taille, avec des demi-goussets de coton relevant et soutenant les seins. Moi qui, il n'y avait pas si longtemps, me désolais d'être trop plate, j'avais maintenant une terrible appréhension d'être un jour comme cette tante. Mais ce soir-là, avant de nous endormir, Éva me chuchota le plus sérieusement du monde:

— Sais-tu une chose? Si jamais tu deviens comme ta tante, ça pourra être très commode: toi qui gesticules beaucoup des deux mains, tu pourras toujours déposer ta tasse de thé sur ta tablette!

Et là le fou rire a commencé à nous secouer,

malgré le triste événement qui venait de se passer dans la maison, si bien que nous avons dû nous enfouir la tête sous nos couvertures. Ah jeunesse! Toutefois, la prédiction de la tante Cartier ne se réalisa pas. Je restai avec une poitrine que je trouvais très convenable, mais mon visage ne me satisfaisait pas pleinement.

Nos voisins, les Manny, étaient des gens charmants et chaleureux. C'était une famille nombreuse dont quelques-uns des enfants étaient à peu près de notre âge, à mes frères et à moi, et un courant de vive sympathie et d'amitié s'établit entre nous. Germaine Manny, mon aînée de quelques années, jouait aussi du piano mais elle était beaucoup plus douée que moi. Elle m'offrit de travailler avec elle des morceaux à quatre mains; ces exercices nous plaisaient infiniment. Et puis, outre Éva Dagenais, j'avais retrouvé une ancienne compagne de classe, Rose Boyer. Éva, Rose et moi, nous nous voyions souvent et, avec mes frères et l'un des Manny, nous allions parfois le dimanche aux concerts du Parc Sohmer. Tout compte fait, ma vie était plutôt agréable, mais ce fut cet automne-là que je connus mon premier, et seul, chagrin d'amour.

* * *

C'était vers la fin de l'été, un dimanche après-midi. Nous décidons, Éva Dagenais et moi, d'aller assister au concert de fanfare du Parc Sohmer. Les autres du groupe habituel ne voulaient ou ne pouvaient venir avec nous. Maman, après quelques hésitations, me laisse finalement partir seule avec Éva. Mon amie se coiffe de son joli petit canotier de paille jaune; moi, d'une capeline blanche, légère, dont le large bord ombrage un peu mon visage. À cet âge, j'avais encore les cheveux dans le dos. Ils étaient longs, brun foncé et très soyeux. Je les tressais pour dormir la nuit, de sorte que le jour ils ondulaient et retombaient en boucles souples retenues sur la nuque par un nœud plat de taffetas noir. Éva, elle, avait les cheveux noisette et les portait relevés et bouffants sur le dessus de la tête, ce qui la faisait paraître un peu plus âgée que moi. Qu'elle était belle ce jour-là!

Enfin nous partons, toutes joyeuses, par un temps magnifique. Tout alla on ne peut mieux durant l'après-midi: la musique était entraînante et les spectateurs enthousiastes. Il y avait, pas très loin de nous, un jeune homme qui piqua ma curiosité: il était beau, grand et mince, et vêtu, ma parole, comme un prince! Jamais je n'avais vu pareille élégance. Il semblait seul et jetait souvent un regard vers nous en applaudissant les musiciens. Éva s'en aperçut aussi et me dit en riant:

— Est-ce la fanfare ou nous qu'il apprécie?

Le concert fini, Éva et moi nous nous dirigeons, bras dessus, bras dessous, vers la sortie. Le jeune homme à l'aspect si avenant nous suit de près et allonge le pas comme pour nous atteindre. Au même moment, un grossier personnage s'approche de moi, m'attrape par-derrière et me coupe une mèche épaisse de cheveux au bas de la nuque! Je pousse un cri de surprise et de frayeur et me retourne brusquement, juste à temps pour voir mon bel inconnu se jeter sur le malotru et lui assener un violent coup de poing à la figure. Le garnement détale sans demander son reste tandis qu'Éva et moi, toutes pâles d'émotion, nous remercions notre héros qui dit simplement:

— Quel dommage, de si beaux cheveux!

Éva vérifie l'étendue du désastre mais déclare que ce n'est pas grave:

— Cela ne paraît pas beaucoup et puis, des cheveux, ça repousse.

Moi, je me moque pas mal de mes cheveux, ce qui m'intéresse c'est surtout qu'il les ait trouvés beaux, et c'est lui que je trouve superbe et si brave! Mon cœur bat comme un petit fou... Naturellement nous faisons les présentations et poursuivons notre chemin ensemble. Il s'appelle Éliodor Gendron; ses parents habitent la campagne (je ne sais plus où exactement), lui vit à Montréal chez une tante. Il va de soi qu'il insiste pour nous accompagner jusque chez nous, noblesse oblige... Il nous dépose à la porte et, se tournant vers moi, il murmure d'une voix douce:

— Au revoir, mademoiselle Élise. J'espère que nous nous reverrons... Je suis sûr que nous nous reverrons bientôt.

Et avant que j'aie le temps de dire un mot, il salue Éva et s'éloigne à grands pas, silhouette élégante dans le soleil couchant... (C'est étrange, ça me fait tout drôle de raconter cela, et mon cœur bat encore de la même façon.)

Depuis longtemps je rêvais à l'amour; j'en entendais parler autour de moi, mes cousines Béliveau étaient mariées et d'autres jeunes de la famille, ou parmi nos connaissances, se fiançaient. Germaine Manny m'avait aussi prêté un livre, un roman d'amour à l'eau de rose, où le Grand Amour commençait justement comme pour moi: par un coup de foudre! Enfin bref, je croyais que c'était arrivé, que quelque chose de très important s'amorçait dans ma vie.

En entrant chez nous ce fameux dimanche, j'éprouvais comme une espèce de vertige. Bien sûr, j'étais encore sous le choc de la peur que m'avait causée ce maniaque du Parc Sohmer, mais il y avait aussi en moi une grande joie, une grande exaltation. Éliodor! Comme il était beau, comme il paraissait gentil! Et il voulait me revoir, moi, pas Éva pourtant si belle, si éclatante ce jour-là. Et moi, comme une petite sotte, je ne l'avais même pas invité à entrer à la maison. Comment pourrais-je jamais le revoir?

Ce ne fut pas long cependant. Le lendemain, vers la fin de l'après-midi, en sortant pour poster une lettre, je l'aperçus au coin de la rue. Costume gris perle, panama blanc encerclé d'un ruban noir; bottines de cuir verni noir, boutonnées, avec le haut de la chaussure en cravanette blanche... (Je me demande si ça existe encore ce tissu-là. C'était une sorte de canevas, de grosse toile blanche ou noire, dont on fabriquait les chaussures d'été pour hommes et femmes. La combinaison de ce tissu avec le cuir faisait ultrachic!) Dieu qu'il était beau, mon Éliodor! Il me sourit de loin, vint à ma rencontre, me prit par le bras et m'invita à un restaurant de la rue Saint-Denis pour y déguster une crème glacée. Que tout cela était romantique! Ce scénario devait se reproduire pendant quelques semaines. Tous les deux ou trois jours je retrouvais mon galant à son poste et nous allions poursuivre notre conversation au même petit restaurant. Inutile de dire que je trouvais toujours une raison pour sortir de chez nous vers cette heure-là. Nous parlions beaucoup, surtout de moi; lui, il se livrait très peu. Nous nous découvrions des goûts et des idées identiques sur un tas de choses; on dirait aujourd'hui que nous étions sur la même longueur d'ondes. Il était charmant, attentif, gai… Pourtant il me regardait souvent d'un air grave avec des yeux infiniment tristes… Maman finit par avoir la puce à l'oreille à cause de mes sorties toujours à la même heure, et elle me posa quelques questions. Je crus bon alors de lui ouvrir mon cœur.

— Ma pauvre Élise, tu es beaucoup trop jeune. Que sais-tu de ce jeune homme? Et puis ce n'est pas convenable de le rencontrer, comme ça, quasiment en cachette. Invite-le donc plutôt à venir à la maison. Tiens, disons dimanche?

Le lendemain, je rencontrai mon amoureux comme à l'accoutumée et l'invitai pour le dimanche suivant. Il se troubla un peu, me dit qu'il ne serait pas libre ce jour-là.

— Alors lundi? Au lieu de me voir ici, rendez-vous chez nous, vers quatre heures.

Il se fit encore tirer l'oreille mais, devant mon insistance, et surtout quand je lui dis que je ne pourrais plus le rencontrer au restaurant, il finit par céder et accepta mon invitation. Le jour venu, il se présenta à notre porte, toujours aussi élégant, dans un costume que je ne lui avais encore jamais vu. Je le présentai à maman, et tous les trois nous causâmes de tout et de rien en prenant le thé; il avait l'air parfaitement à l'aise, jusqu'à l'arrivée de mes frères où, tout à coup, les choses se gâtèrent. Albert fit des plaisanteries comme d'habitude, mais Rod ne parut pas les trouver drôles; mon invité non plus qui souriait comme par politesse et qui, aussitôt qu'il le put sans se montrer incorrect, se leva pour prendre congé. Il remercia maman, salua rapidement les garçons et, à la porte, me dit au revoir presque tout bas, d'un ton plaintif.

En rentrant au salon je retrouvai Albert et maman qui échangeaient des impressions très favorables sur mon amoureux, tandis que mon frère Rod se taisait et évitait de me regarder. Un peu plus tard, il entraîna Albert dans leur chambre et je les entendis chuchoter. Je me dis que Toutou n'avait pas aimé Éliodor et je pensai que c'était tout simplement parce qu'il était jaloux de son allure, de son élégance. Mais quand, après le souper, maman aussi s'enferma avec eux durant de longues minutes, je n'y tins plus: je montai à mon tour et fis irruption dans la chambre, les joues en feu, la gorge serrée:

— Si c'est pour parler d'Éliodor que vous êtes ici, je veux entendre! Qu'est-ce que vous avez, tous? (Silence.) Mais parlez donc à la fin!

Alors Albert, l'aîné, le chef de famille en quelque sorte, se décida à prendre la parole:

— Écoute, Élise. Ce garçon-là n'est pas pour toi; il ne te convient pas.

— Mais pourquoi?

— Pourquoi, pourquoi! C'est justement de la manière dont il faut te l'expliquer que nous étions en train de discuter.

— Eh bien, explique! N'importe comment, mais dis-le.

— Bon. Ton Éliodor, puisque tu veux le savoir, c'est un gigolo. Sais-tu ce que c'est, un gigolo? C'est un jeune homme qui se fait entretenir par une femme âgée.

— Et puis après? Sa tante a l'air d'être à l'aise, elle peut bien l'aider en attendant qu'il se trouve un travail intéressant.

Le ton monta. Je sentais qu'Albert s'énervait aussi.

— Ce n'est pas sa tante, petite niaise. C'est une ancienne entremetteuse qui a fait son argent avec une maison… une maison de… rendez-vous.

Je n'étais pas certaine de comprendre, mais, pour gagner du temps, je demandai:

— Comment le savez-vous?

Toutou se décida alors à me regarder et dit en toussotant:

— Élise, je le connais ce garçon. Il fait confectionner tous ses costumes sur mesure; il vient très souvent au magasin avec sa… heu… heu… avec cette femme, quoi, pour acheter tout ce que nous tenons de plus beau: chemises de soie, cravates, foulards, et tout le reste. Elle l'appelle mon coco, mon lapin. Il se laisse dorloter, c'est elle qui paie. Il a commencé comme barman dans sa maison de… déb… heu… dans son établissement. Elle s'est amourachée de lui et le fait vivre maintenant dans l'oisiveté, la paresse la plus crasse, du moment que… qu'il fait semblant de l'aimer. C'est mon patron qui m'a conté toute l'histoire…

Albert renchérit sur les propos de Rod:

— C'est un vaurien! Avec une femme qui pourrait être sa mère!

Je me sentais défaillir. Mon rêve tournait au cauchemar; j'avais l'impression que le plancher tremblait sous mes pieds. J'ai dû blêmir, car maman intervint alors:

— C'est assez, ça suffit comme ça! Taisez-vous tous les deux! Viens, ma petite fille.

Et elle m'entraîna dans ma chambre où l'abcès creva enfin, dans les larmes et le plus profond désespoir. Maman essaya de me réconforter mais je n'entendis rien. Je n'ai d'ailleurs rien retenu de ses paroles. Je gémis longtemps sur l'éclatement de mon rêve d'amour. Je pleurais aussi la perte de mes illusions candides. Je venais de découvrir un monde dont je ne soupçonnais pas l'existence et que d'ailleurs je ne comprenais pas tout à fait, dans mon innocence, mais je souffrais horriblement. J'en voulais d'abord à Éliodor, avec son visage d'ange, de m'avoir trompée de la sorte, et à mes frères de ce qu'ils venaient de me révéler. J'en voulais surtout peut-être à ma mère de m'avoir appris, quand j'étais plus jeune, à faire confiance aux autres. J'aurais voulu revoir ce garçon pour lui demander des explications. En même temps, je redoutais ce qu'il pourrait me dire. D'ailleurs il ne reparut plus jamais au coin de ma rue, ni à notre petit restaurant. Mes frères redoublaient de gentillesse envers moi. Maman me parlait souvent, essayant de m'engager à revoir mes amies, mais je ne le pouvais pas encore. Je prétextais la maladie pour ne pas leur parler, car il me fallait garder cet affreux secret.

Puis l'automne arriva dans toute sa splendeur et je commençai peu à peu à reprendre confiance en la vie. Je me mis à regarder autour de moi: le monde n'était pas affreux, loin de là. J'appris qu'il y avait des méchants et des bons, et que les bons pouvaient quelquefois être méchants...

Les méchants pouvaient-ils être bons aussi à l'occasion?

Cela, je ne le savais pas encore.

Chapitre VI

Le choc de ma rupture avec Éliodor avait été brutal et m'avait secouée violemment. Mon chagrin dura plusieurs mois mais, avec le temps, il finit par s'estomper quelque peu.

L'hiver vint et l'année 1896 apporta plusieurs changements importants dans ma vie. D'abord j'atteignis mes dix-huit ans avec le sentiment que j'étais devenue, du jour au lendemain, une grande personne. J'entrai à la compagnie de téléphone Bell en qualité de téléphoniste, qu'on appelait opératrice. Comme les appareils automatiques n'existaient pas encore, quand on voulait appeler quelqu'un il fallait tourner une manivelle, décrocher le récepteur et là une voix suave disait: «*What number please?* Quel numéro demandez-vous?» C'était la téléphoniste, ou la demoiselle du téléphone comme on disait souvent. Nous, au central, nous étions toutes assises en rang d'oignons devant un grand tableau de distribution, le *switchboard,* perforé de trous dans lesquels il fallait insérer une fiche à long fil, la ligne, pour répondre à nos abonnés et assurer la communication entre eux. Je trouvais très amusant de parler ainsi, même brièvement, à des gens que je ne connaissais pas mais dont je finis par reconnaître la voix... et les humeurs.

Ce qui me rendait particulièrement heureuse aussi c'était de pouvoir apporter mon salaire à maman. Je gagnais trois dollars par semaine, le prix d'une paire de chaussures, mais comme on les faisait ressemeler pour trente ou quarante cents, mes bottines duraient longtemps. Et j'avais la satisfaction de contribuer à l'entretien de la maison presque autant que mes frères.

Nos pensionnaires du début, le couple Marsan ou Moisan, je ne sais plus trop, nous avaient quittés parce que nous n'avions pas le téléphone. Aussi maman, avec l'appoint de mon salaire, décida-t-elle de le faire installer. J'étais toute fière de voir l'appareil fixé au mur du vestibule, juste au pied de l'escalier: c'était *mon* téléphone de *ma* compagnie Bell!... Bientôt d'autres locataires prirent la place des premiers: deux jeunes gens recommandés par mon cousin Rodrigue Duhamel qui avait été leur compagnon au Collège de Saint-Laurent. Rodrigue était dans sa dernière année, tandis que ces garçons avaient terminé leur cours et travaillaient maintenant à Montréal. Tous deux se rendaient au travail en vélocipède amélioré — on commençait à dire: bicyclette. C'était devenu la grande vogue et on les perfectionnait de plus en plus. J'enviais beaucoup ces garçons, j'aurais tellement aimé pédaler, moi aussi! Je me rendais au central du téléphone à pied, quelquefois en tramway. Depuis environ deux ans, on avait remplacé par des tramways électriques sur rails les anciens véhicules tirés par des chevaux, système en usage depuis l'année 1861, un énorme progrès d'après ce qu'en avait dit *La Presse.* Je trouvais que j'avais bien de la chance de vivre à une époque aussi moderne!

Au souper, après le travail, nous restions longtemps autour de la grande table de la salle à manger, Antoine Gauthier, Lucien Brodeur, mes deux frères, maman et moi. Nous parlions beaucoup de toutes ces inventions nouvelles qui nous enthousiasmaient. En plus des tramways électriques, du téléphone, de la bicyclette et d'un tas d'autres choses dont les journaux nous vantaient les mérites, nous avions l'éclairage au gaz qui remplaçait avantageusement les lampes à l'huile de mon enfance. Nos jeunes gens prédisaient en outre que nous aurions avant longtemps la lumière électrique dans toutes les maisons! Et que des voitures sans chevaux, mues à l'électricité, sillonneraient bientôt toutes nos routes! Et puis il y avait encore cette invention merveilleuse: la photographie animée, qu'on appelait le cinématographe, ou les vues animées, que les frères Lumière, de France, venaient de perfectionner. On disait qu'on pourrait bientôt voir, sur des écrans comme ceux de la lanterne magique, mais plus grands, marcher et gesticuler des gens. Nous sentions déjà le souffle de ce XXe siècle si proche de nous qui nous apportait les promesses d'un monde enchanté, de progrès merveilleux dont nous ne pouvions pas encore soupçonner toute l'ampleur!

Si bien qu'avec tout cela, le printemps venu, il me faut bien l'avouer, je ne pensais plus guère à cette malheureuse histoire d'amour. Ma vie était devenue si intéressante! J'avais renoué avec mes amies, Éva Dagenais, Rose Boyer et quelques autres. Nous avions des réunions très agréables, notamment chez les Manny où j'ai connu une autre excellente pianiste, Éva Plouffe (encore une Éva). Nos soirées musicales étaient un véritable régal. De plus, l'une des sœurs de Germaine Manny avait une bicyclette; elle m'avait appris à m'en servir et me la prêtait même à l'occasion le dimanche, pour faire une promenade avec Antoine. On ne voyait guère de femmes pratiquer ce sport; celles qui s'y adonnaient étaient probablement comme moi, des garçons manqués. Et puis, il fallait une certaine dose d'audace pour se montrer en public sur ces machines à pédales en laissant voir ses mollets. Car il était nécessaire de porter une jupe plus courte que celles qui étaient de mise à l'ordinaire afin de ne pas accrocher l'ourlet dans ses roues. Il paraît même qu'en France et en Angleterre les femmes portaient dans la circonstance une culotte bouffante serrée sous les genoux. Ma mère n'aurait jamais consenti à me laisser sortir affublée de la sorte! Mais elle avait fini par raccourcir l'une de mes jupes, parce que Mme Manny l'avait fait pour sa fille.

Ainsi, chaque fois que c'était possible, nous partions, Antoine et moi, en randonnée à la campagne. Agrippée à mon guidon, un peu comme autrefois au cou de mon père quand nous fendions l'eau de la rivière, je sentais la brise couler sur mon visage et je riais comme une petite folle! Antoine aussi s'amusait bien, rien que de me voir. Il m'emmena même un jour jusqu'à Saint-Laurent visiter Rodrigue au collège. Toute une équipée! J'étais heureuse à la pensée de retrouver ce cousin que je n'avais pas vu depuis notre départ de Lowell, mais en même temps un peu inquiète de la manière dont les bons pères m'accueilleraient avec cette jupe écourtée qui montrait mes mollets. Mon compagnon, à qui je confiai cette inquiétude, essaya de me rassurer (sans y parvenir) en me disant:

— Ces bons pères n'ont pas souvent l'occasion de voir d'aussi jolis mollets. Je suis certain que leur accueil en sera influencé.

Quoi qu'il en soit, tout se passa très bien. J'aperçus bien au passage quelques regards furtifs, aussitôt réprimés, mais je n'eus pas l'impression d'être un objet de scandale. Notre entrevue avec Rodrigue, bien que de courte durée, fut on ne peut plus cordiale. Il nous apprit qu'il avait été choisi pour tenir un rôle important dans une pièce de Racine, pour la séance de fin d'année. Mon cousin avait la passion du théâtre et cela me rappela mes années au couvent alors que moi aussi je raffolais d'interpréter des rôles sur la scène; en plaisantant, je m'offris pour le premier rôle féminin. L'un des professeurs de Rodrigue qui nous accompagnait à ce moment-là me dit en souriant que malheureusement il n'y avait pas de jeunes filles dans la troupe: «Les élèves seraient trop distraits», conclut-il. Nous étions loin de nous douter, Rodrigue et moi, qu'un jour, pas tellement lointain, nous jouerions des pièces du répertoire français ensemble au Monument National. Nous quittâmes donc mon cousin, heureux tous les trois de cette rencontre, en lui souhaitant plein succès dans ses examens et d'excellentes vacances à Lowell où il devait retourner sitôt son année terminée. Il n'y avait encore rien de décidé quant à ses projets d'avenir.

* * *

Éva Dagenais était elle aussi entrée au Bell, peu de temps après moi, mais nous n'avions pas souvent les mêmes horaires et nous ne nous voyions pas tellement. Mais comme les demoiselles du téléphone pouvaient accumuler leur temps supplémentaire et prendre congé un jour de leur choix lorsqu'elles avaient suffisamment d'heures de travail à leur crédit, Éva et moi nous arrangions pour passer nos congés ensemble. Un jour, elle me proposa d'aller rendre visite à une certaine demoiselle Jacques, qu'elle connaissait depuis peu et qui l'avait invitée.

— C'est une personne très intéressante, tu verras.

Chemin faisant, Éva me raconta que Mlle Jacques était courtisée «très sérieusement» par un jeune artiste en art commercial, Arthur Denis qui, avec son frère Ovide, avait mis sur pied une entreprise apparemment très prospère d'enseignes et de panneaux publicitaires de toutes sortes. Ovide était l'homme d'affaires de la société; il recherchait les contrats, fixait les prix, dirigeait le bureau, etc., tandis qu'Arthur, lui, était l'artiste, celui qui préparait et soumettait les croquis aux clients, puis exécutait les travaux avec l'aide d'apprentis qu'il dirigeait.

Éva m'indiqua au passage, rue Saint-Laurent, un bâtiment en brique dont le mur de côté était entièrement peint, comme un tableau de proportions gigantesques. On y voyait une espèce de sultan affalé sur des coussins, une cigarette fumante aux doigts, contemplant d'un air béat une jeune danseuse au visage à demi voilé; elle portait un corsage brodé d'or et un pantalon bouffant. C'était une annonce pour les cigarettes égyptiennes Murad. D'où je me trouvais, je voyais distinctement au bas du tableau la mention en lettres noires: *DENIS ADVERTISING SIGNS LTD.*

Surprise, je demandai pourquoi ce nom anglais.

— C'est comme ça aujourd'hui, répondit Éva, toutes les grosses entreprises se doivent d'adopter l'anglais en affaires.

Et, emportée par son enthousiasme, elle poursuivit:

— Tu imagines la hauteur de ce mur? Et la grosseur des personnages? C'est monsieur Denis lui-même qui se fait hisser avec un palan sur un échafaudage mobile, croquis en main, et qui trace à grands traits tout le dessin. Ses aides appliquent les couleurs plates et lui, il finit tous les détails, les traits du visage, et tout.

Un peu plus loin mon amie s'arrêta de nouveau, cette fois devant la maison d'un dentiste.

— Qu'est-ce qu'il t'arrive, Éva? As-tu mal aux dents?

— T'es folle. Non, mais regarde à la fenêtre. Tu vois cette plaque en verre suspendue par des chaînes dorées?

— Oui, je vois que c'est écrit dessus en lettres d'or: *Dr J. G. A. GENDREAU* et, sous le nom: Chirurgien Dentiste.

— Eh bien, c'est encore un travail de monsieur Denis... Il trace le lettrage à l'envers sous le panneau de verre et y applique de l'or pur en feuille. De l'or 18 carats, ma fille. Pense un peu ce que cela coûte pour annoncer ton nom et ta profession comme ça!

— Dis donc, tu en sais des choses, toi!

— C'est Émilienne Jacques qui m'a raconté, avec bien d'autres détails encore.

Tout en bavardant, nous arrivons à la demeure de la famille Jacques où, un peu intimidées, nous pénétrons dans un vaste salon. Émilienne est une personne très affable et, sans contredit, intéressante, comme me l'avait annoncé Éva, mais je m'attendais à la trouver plus jolie. Elle est grande et bien faite (Arthur admirait les femmes bien proportionnées, comme il disait). Quant à son visage, il est plutôt ordinaire. Ses yeux, bien qu'intelligents, sont d'un gris... délavé, comme l'eau de la rivière Richelieu un jour de pluie. Ses cheveux touffus forment de belles ondulations jusqu'au chignon, empilé sur le dessus de la tête, mais leur teinte est indécise, comme s'ils hésitaient entre le châtain, le brun et le blond cendré. Dans l'ensemble elle ne me plaît pas beaucoup, je ne sais trop pourquoi...

Après un bout de conversation, notre hôtesse nous quitte pour aller préparer le thé. Éva se lève et m'entraîne vers le piano où trône, dans un cadre d'argent, la photographie d'un jeune homme de belle prestance, l'air distingué avec ça.

— Ce doit être le fiancé, chuchote Éva.

Mais déjà, des pas se font entendre et Madame mère paraît, bientôt suivie d'Émilienne portant un plateau. Comme nous sommes là debout au milieu du salon, nous nous précipitons vers une belle table d'onyx, à pied de cuivre doré, sur laquelle est posée une fougère, et nous faisons mine d'admirer ce guéridon, vraiment magnifique, du reste.

— C'est le dernier cadeau du fiancé de ma fille, nous dit madame Jacques.

Émilienne rougit violemment (ce qui lui donna, je dois l'admettre, un certain piquant).

Le reste de notre visite se passa sans grand intérêt. Aussitôt dans la rue, Éva s'accroche à mon bras et me demande à brûle-pourpoint comment j'ai trouvé son amie.

— Intéressante, comme tu disais, mais pas très jolie, et puis elle est trop grande. Je trouve qu'elle a beaucoup de chance d'avoir trouvé un amoureux comme ce monsieur Denis.

— Dis donc toi, on dirait que tu es jalouse.

— Jalouse? Comment veux-tu que je sois jalouse à cause d'un monsieur que je ne connais même pas!

— En tout cas, si ce n'est pas de la jalousie, c'est de l'envie.

— Ah, tu m'agaces, Éva! Je trouve tout simplement qu'elle a de la chance. Ses parents ont l'air d'être à l'aise; elle vit dans une belle maison toute pleine de belles affaires: des cadres d'argent et des tables en onyx! Et puis elle est fiancée à un jeune homme qui n'est pas laid, qui paraît honnête et qui semble avoir un avenir prometteur. Je trouve qu'elle a de la chance, je te le répète. Quant à moi, si tu veux le savoir, je n'envie pas les personnes en amour: je trouve que c'est plutôt triste.

— Oui, oui, cause toujours... Les raisins sont trop verts, hein?

Cette Éva, parfois, ce qu'elle avait le don de me taper sur les nerfs! Mais je l'aimais bien quand même et, le lendemain, j'avais déjà tout oublié... ou presque. Arthur ne soupçonnait certes pas l'échange acerbe dont il avait fait l'objet, un certain après-midi. Il ne me connaissait pas du tout, tandis que moi je savais qui il était, je connaissais son nom, son métier, et j'avais vu sa photographie. C'est vrai, il était joli garçon, mais je n'avais pas eu le coup de foudre comme pour Éliodor. Et puis je savais qu'il allait épouser Émilienne. Je n'aurais donc certainement plus pensé à ce jeune homme si je n'avais pas eu constamment sous les yeux et remarqué de plus en plus tous ces panneaux publicitaires et enseignes commerciales qui portaient sa marque. Je ne me doutais pas que j'allais le rencontrer bientôt.

* * *

Durant tout ce temps et malgré mes nombreuses occupations, j'entretenais toujours une correspondance assidue avec ma cousine Éva Chagnon. Je la tenais au courant de tout ce qui nous arrivait, sans pourtant lui avoir jamais raconté tout l'épisode Éliodor. Elle savait que j'avais rencontré (et dans quelles circonstances romanesques) quelqu'un qui me plaisait beaucoup, je lui en avais parlé avec enthousiasme, mais je ne lui ai jamais dit comment nous nous étions quittés, ni pourquoi. De son côté, Éva nous communiquait fidèlement les nouvelles de Saint-Ours. Ma grand-mère Élisa, prise de malaises subits, avait dû s'aliter et elle mourut peu après sans avoir repris connaissance. Elle fut enterrée à Sorel, près de son mari, mon grand-père Chapdelaine, et de sa première femme Hermine Cormier (ma vraie grand-

mère, que je n'ai pas connue). Aucun de nous malheureusement ne put assister aux funérailles à cause
de notre travail.

Éva nous avait appris aussi que pepère n'allait
pas bien, lui non plus. Il s'affaiblissait beaucoup, ne
mangeait presque rien et ne parlait à peu près plus.
Et puis il semblait avoir été question de mariage pour
notre grande cousine Anna qui, par pur dévouement,
n'avait pas voulu quitter pepère. Ma chère Éva, à
seize ans, n'avait rien de bien palpitant à me raconter
sur elle-même. Hormis ses dévotions à l'église du village, elle ne devait pas sortir souvent. Elle se dé-
vouait elle aussi à pepère et aidait Anna dans ses
tâches ménagères. Je l'encourageais de mon mieux
et lui assurais que bientôt j'aurais droit à un congé et
que je comptais bien aller le passer à Saint-Ours
avec elle.

Ce fut tout le contraire qui arriva, car pepère
s'éteignit peu après, le cher vieux. Il s'endormit un
soir, paisiblement, le sourire aux lèvres: il devait
rêver au mouvement perpétuel, le Grand Mouvement
Perpétuel, l'Unique, qu'il allait bientôt connaître. Il ne
se réveilla pas. Maman prit des dispositions pour laisser la maison aux soins d'une femme de charge et je
pus, moi aussi, arranger les choses pour aller avec
elle à Saint-Ours, jusqu'après les funérailles. Le
grand-père fut inhumé auprès de sa chère Noflette,
et j'ai vu pleurer sur sa tombe beaucoup de gens que
même la famille ne connaissait pas. Il avait dû faire
encore plus de bien que nous ne le soupçonnions.
Anna, cette chère et bonne Anna, nous confia qu'elle
allait maintenant se marier et devrait aller vivre à

Sorel. Elle était prête à garder notre petite cousine Éva auprès d'elle, mais maman offrit à cette dernière de venir habiter chez nous à Montréal.

— Si tu veux bien, chère enfant. Depuis longtemps, vois-tu, je te considère comme ma seconde fille et je serais bien heureuse de vous avoir à nouveau toutes les deux sous mon toit.

Éva et moi nous tombons dans les bras l'une de l'autre et nous éclatons en sanglots. Je n'ai jamais pleuré avec autant de joie! Ces larmes-là, il n'en coule jamais trop.

Ce fut donc dans ces circonstances qu'Éva Chagnon arriva à Montréal, à la rencontre elle aussi de sa destinée. Elle s'installa chez nous, partageant ma chambre et mes amis. Les Manny, avec leur chaleur coutumière, l'adoptèrent d'emblée; Éva Dagenais et Rose Boyer, qui l'avaient connue au pensionnat, la retrouvèrent avec grand plaisir. Sa nature si douce, son sourire timide, de même que sa blondeur et ses traits délicats eurent tôt fait de conquérir tous ceux qui l'approchaient.

Nous avions de plus en plus de rencontres musicales où Germaine Manny et Éva Plouffe, entre autres, nous régalaient de pièces nouvelles pour piano. J'accompagnais souvent, pour ma part, les chanteurs ou les chanteuses qui nous faisaient connaître les refrains à la mode. Il fallait que chacun participe au menu musical ou littéraire, comme cela se faisait alors. Nous dansions même parfois, nous valsions sur les airs si entraînants des opérettes, ou sur des valses de Strauss, malgré la réprobation du clergé et la mise en garde, du haut de la chaire, contre cette dégradation «des temps modernes qui s'infiltrait au sein des familles les plus respectables». Maman avait cru bon d'en dire un mot à son confesseur et il l'avait chapitrée de belle façon:

— Comment! vous laissez vos jeunes et leurs amis danser et se trémousser sous vos yeux, et vous ne dites rien? Quelle sorte de mère êtes-vous donc?

L'aiguillon l'avait piquée au vif:

— Sachez, mon père, que j'ai toujours été et que je me considère toujours comme une excellente mère. J'aime mieux laisser mes grands enfants faire de la musique et danser dans mon salon, en ma présence, plutôt que de les voir sortir et de ne pas savoir ce qu'ils font ailleurs.

Éva Chagnon et Élise, âgées respectivement de 16 et de 18 ans.

— En ce cas, je me demande bien ce que vous êtes venue faire ici.

— Moi aussi!

Elle ne retourna plus jamais voir ce confesseur, mais elle resserra tout de même sa surveillance à notre endroit. De toute façon, elle avait déjà dit à Éva qu'elle la trouvait trop jeune pour participer à ces soirées:

— Attends au moins d'avoir tes dix-sept ans. D'ici là, Élise t'apprendra à valser convenablement.

Il en fut de même au sujet du travail à l'extérieur. Éva aurait bien aimé elle aussi entrer au Bell, mais maman lui fit comprendre que c'était encore trop tôt:

— Il faudrait d'abord que tu apprennes l'anglais. Après, nous verrons.

Ma cousine prit donc des leçons d'anglais qui ne la satisfirent pas pleinement. Par contre, nous avions découvert depuis peu le plaisir de la lecture. Antoine et Lucien nous prêtaient des livres qui nous enchantaient, notamment les œuvres de Jules Verne: *Vingt Mille Lieues sous les mers, Le Tour du monde en quatre-vingts jours* et *Cinq Semaines en ballon...* C'était la science-fiction de l'époque. Qui nous eût dit que ce siècle où nous allions bientôt entrer nous apporterait la réalisation de ce qui nous paraissait alors complètement farfelu? De nous tous, ce fut peut-être Rod qui se montra le plus emballé par ces lectures, qu'il dévorait goulûment. Il paraissait indolent, souvent paresseux, mon frère. Au vrai sa santé laissait fortement à désirer, comme nous devions nous en rendre compte plus tard; il n'avait aucune attirance pour les sports, ne participait que rarement à nos soirées récréatives mais, en revanche, il n'était jamais trop fatigué pour lire, parfois même assez tard dans la nuit. Il se passionnait aussi pour toutes les découvertes scientifiques; c'est lui qui nous tenait au courant des progrès dans le domaine de la santé et de la prévention des maladies. Pasteur était son grand héros!

Avec tout cela, le temps faisait son petit bonhomme de chemin et nous entrâmes bientôt dans l'année 1897 — une année des plus importantes pour toute la famille, en particulier pour Éva et pour moi.

Pourquoi surtout pour Éva et moi? Parce que, en fin de compte, cette année allait décider de notre avenir!

Chapitre VII

Cette année 1897 marquait tout d'abord le Jubilé de la reine Victoria. Dans la famille, nous avions tous présent à la mémoire le soixantième anniversaire de mariage de nos grands-parents Larue. Victoria, elle, allait fêter ses soixante ans de règne. Ce n'était pas rien pour nous, Canadiens, car ceux de ma génération n'avaient pas connu d'autre souverain. Pepère, en sa qualité de serviteur de la Couronne, faisait respecter la loi en son nom. Notre mère avait reçu au baptême le prénom fort répandu à l'époque de Victoria. Et la mode et les usages s'inspiraient en grande partie de ce qui venait de Londres. Avec cette différence que nous, Canadiens de souche française, avions conservé profondément ancré dans la chair et dans le sang l'amour de la langue et de la religion de nos ancêtres. Ce qui ne nous empêchait pas d'ad-mirer cette grande dame, Reine du Canada et Impératrice des Indes… et qui aimait tant son époux, le prince Albert!

On nous promettait pour cette année du Jubilé toutes sortes de manifestations et de fêtes. En atten-dant, nous avions toujours, bien sûr, nos occupations et distractions coutumières. Notre mère s'était dé-couvert un intérêt très vif pour le théâtre, moi je l'avais déjà. Il n'y avait pas de troupe professionnelle de langue française à Montréal, seulement quelques cercles d'amateurs qui montaient des pièces dans des petites salles de collèges ou autres. De temps en temps, une troupe venue de France (souvent des amateurs de province en mal de voyage) nous donnait du classique ou quelque opérette récente. Maman et moi, ainsi qu'Éva avec Antoine, et quelquefois même, à notre grand étonnement, mon frère Albert, assistions à ces représentations théâtrales qui nous divertissaient beaucoup. Maman retenait des tirades entières de ces pièces et nous les déclamait, souvent avec beaucoup d'à-propos.

Cet hiver-là, nous essayâmes d'initier Éva aux sports. Nous allions dans les sentiers du Mont-Royal en raquettes, mais ma cousine se fatiguait assez rapidement. Ce qu'elle préférait, c'étaient les longues descentes en traîne sauvage. Le dimanche, nous allions souvent glisser sur la côte du Beaver Hall, de la rue Dorchester jusqu'à Craig: c'était l'endroit favori des jeunes à l'époque.

Ce fut vers le mois de juillet, je crois, que notre cousin Rodrigue nous fit part d'une nouvelle qui nous réjouit tous. Sorti du Collège de Saint-Laurent, il écrivit à son ami Antoine qu'après réflexion il optait, lui aussi, pour la profession de notaire. J'ai oublié de mentionner qu'Antoine et Lucien, les deux copains de Rodrigue, se destinaient déjà au notariat. Ils travaillaient à Montréal depuis plus d'un an dans le but de payer leurs cours, et devaient justement entrer à l'Université Laval à l'automne. Le plus beau de l'histoire, c'est que Rodrigue demandait si sa tante Victoria consentirait à le prendre aussi en pension, le temps de ses études à Montréal. Cette perspective enchanta tout le monde. Maman avait une double raison de se réjouir car notre pauvre Toutou était tombé malade et avait dû abandonner son travail pour un temps indéterminé. De sorte que la pension de Rodrigue Duhamel aiderait à combler cette perte pécuniaire.

Pour plus de clarté dans mon récit, je crois désirable d'ouvrir ici une parenthèse au sujet de mon plus jeune frère que je nomme tantôt Toutou, tantôt Rod, rarement Rodrigue, qui était son véritable prénom. C'est que, comme je l'ai déjà dit, il avait exigé, avant de partir pour les États-Unis, qu'on abandonne son surnom de Toutou. Nos cousins de là-bas et leurs amis le nommaient Rod. Albert et moi avions adopté ce diminutif, mais pour notre mère, de même que pour Éva, il n'avait jamais cessé d'être Toutou. J'avais tendance moi aussi à lui redonner son surnom de temps à autre; c'était comme un petit nom de tendresse. Avec un autre Rodrigue bientôt dans la maison, notre pauvre Toutou-Rod dut abandonner l'espoir de retrouver son véritable nom de baptême, du moins au sein de la famille. Cela dit, revenons-en à notre propos.

L'été se passa en festivités royales ici et là et, rue Lagauchetière, en préparatifs en vue de l'arrivée parmi nous de notre cousin Rodrigue. Nous avions eu pour la Saint-Jean-Baptiste et en l'honneur de la Reine une course avec sacs de sel, organisée par *La Presse,* sur les vastes terrains de la ferme Logan, qui sont devenus peu après le parc Lafontaine. Chaque participant devait en faire le tour, je ne sais combien de fois, en portant sur ses épaules un sac de sel de cent livres. Imaginez dans quel état se trouvaient ces pauvres gars après environ une heure de course! Le sel fondait sous l'action du soleil et de la sueur et ensanglantait les épaules nues des concurrents, dont la plupart étaient plutôt costauds: ouvriers ou débardeurs. Certains d'entre eux chancelaient et s'écroulaient avant d'atteindre le fil d'arrivée. Les garçons se passionnaient pour ce genre de sport, ce déploiement de force, qui était en même temps une excellente occasion de faire des paris. Après la course, tout en savourant nos coupes de crème glacée, nous voyions l'argent changer de mains. Nous, les filles, ce genre d'exhibition ne nous plaisait guère; nous préférions les feux d'artifice...

Ce qui me plut beaucoup aussi durant cet été, ce furent mes balades à bicyclette avec Antoine. Dans notre entourage, on avait l'air de croire que nous étions amoureux. Moi, je ne l'étais pas. Quant à Antoine, Rodrigue m'a dit beaucoup plus tard qu'il avait eu un fort penchant pour moi. Je ne m'en suis jamais aperçue. Je pensais encore à Éliodor de temps en temps; je me surprenais parfois à le chercher du regard parmi la foule. J'ai cru le voir un jour, justement à la course de sel de la ferme Logan, mais deux secondes après il avait disparu.

Puis vint le grand remue-ménage pour l'installation de Rodrigue. Maman avait décidé de lui donner la chambre que nous occupions Éva et moi à l'étage supérieur. On déménagea Éva dans le petit boudoir donnant sur le balcon, juste au-dessus de l'entrée, tandis que je descendis rejoindre ma mère dans la grande chambre à côté de la cuisine. Tout était prêt lorsque le jour tant attendu arriva; Rodrigue fut reçu à bras ouverts. Il était petit de taille, mon cousin, mais plein à ras bord de gaieté et de bonne humeur, et la vie du clan prit encore une dimension nouvelle. Taquin comme pas un, il avait toujours le mot pour rire et menait le bal partout où il se trouvait. Il avait le don de dérider Toutou, et Éva riait d'avance aussitôt qu'il ouvrait la bouche.

Ma mère, avec toute cette jeunesse autour d'elle, s'épanouissait et tout le monde l'aimait, non comme une mère mais plutôt comme une véritable amie. Nous n'étions pas riches, loin de là, et la vie était parfois difficile comme pour bien d'autres, mais nous étions joyeux et presque sans soucis. Les jeunes de ce temps ne connaissaient pas beaucoup le chômage, ni l'ennui, ni la dépression. Ils préparaient leur avenir avec confiance dans une atmosphère détendue et pensaient tous, naturellement, qu'ils arriveraient à réaliser de grandes choses plus tard. Chez nous comme en Europe et comme chez nos voisins les Américains, c'était la Belle Époque, pleine de joie de vivre et de foi en l'avenir. Cette ère d'insouciance et d'optimisme devait se poursuivre jusqu'aux abords de la Première Grande Guerre, en 1914.

* * *

Peu de temps après l'arrivée de Rodrigue, les Manny nous convièrent à une grande fête en l'honneur de Germaine, dont c'était l'anniversaire de naissance. Ce devait être un concert de chant et de piano, émaillé de récitations de poèmes et de monologues. Bien entendu on allait terminer la soirée par un petit bal et nous nous promettions énormément de plaisir. Malheureusement, Éva Dagenais ne serait pas des nôtres. Depuis la mort de son mari, Mme Dagenais avait vendu leur maison et s'était installée, avec ses deux filles, à Verdun où elle avait fait l'acquisition d'un fonds de commerce: petit magasin de brimborions, de bonbons, de jouets, de papeterie, de tout quoi. Éva Dagenais avait quitté le Bell pour se consacrer entièrement, avec sa sœur Alpaïde, à leur commerce. De sorte que je ne la voyais plus très souvent, surtout que leur mère, à ce que l'on disait, était très malade. Nous causions de temps à autre au téléphone, mais brièvement et de moins en moins souvent. J'oubliais toujours au cours de nos conversations de m'enquérir de son amie Émilienne Jacques. Pourtant j'aurais bien voulu savoir si elle était maintenant mariée avec Arthur Denis. J'allais bientôt l'apprendre de façon imprévue, et pas par mon amie Éva.

C'est à la réception chez les Manny que j'ai rencontré mon futur époux. Je ne l'ai pas reconnu tout de suite, je ne l'avais vu qu'en photographie, mais quand on me le présenta, mon cœur bondit dans ma poitrine sous l'effet de la surprise, je m'attendais si peu à le trouver là! Je dis, sans réfléchir:

— Ah oui, l'artiste peintre!

— Comment savez-vous ça, mademoiselle? dit-il, tandis que son regard gris acier se posait sur le mien.

— Bien, j'ai vu vos enseignes, vos murs peints… Votre nom commence à être partout en ville.

122

— Mais le peintre, ce pourrait être mon frère, non?

Je me sentis un peu mal à l'aise. Allait-il falloir que je lui parle de ma visite chez Émilienne? Heureusement, Germaine me tira d'embarras en réclamant le silence pour écouter Éva Plouffe au piano dans une pièce de son répertoire. Je me hâtai de m'éclipser pour me joindre à un groupe d'amis, cherchant des yeux Émilienne Jacques que je ne voyais nulle part. Le concert se poursuivit et presque tous les assistants se produisirent à tour de rôle: piano, chant, violon. Jean Charbonneau, un jeune étudiant en droit que Rodrigue connaissait, nous récita quelques-uns de ses poèmes; Rodrigue lui-même nous divertit avec un monologue fort drôle qui mit tout le monde en gaieté. Arthur Denis chanta un extrait de Faust, *Salut demeure chaste et pure*, d'une belle voix de ténor. Quoique j'aie toujours préféré les barytons, je lui trouvai une voix fort agréable, bien timbrée et vibrante. Quant à moi, j'accompagnai tout simplement au piano (pas très bien d'ailleurs) une demoiselle Toupin, Anne Toupin je crois, dans l'élégie de Massenet. Je me sentais nerveuse: il me semblait que le regard d'acier me perçait la nuque! Le concert fini, je m'approchai de Germaine sous prétexte de l'aider à servir les rafraîchissements et je lui demandai, sans avoir l'air d'y attacher trop d'importance:

— Ce monsieur Denis que tu nous as présenté, tu le connais depuis longtemps?

— Mais non, c'est la première fois que je le vois, moi aussi. Notre cousin Georges nous a téléphoné pour demander la permission d'amener un ami qui, disait-il, venait d'éprouver une déception d'amour: des fiançailles rompues... Georges voulait le distraire un peu, c'est tout ce que je sais.

C'était tout ce que je voulais savoir! Un peu plus tard, on roula le tapis du salon et l'une des Manny s'installa au piano pour nous faire danser sur les airs les plus populaires de l'heure. Plusieurs invités se retirèrent, dont mes frères qui n'étaient pas particulièrement friands de ces exercices mondains. Éva, à qui j'avais maintenant appris la valse et la scottish, préféra s'abstenir de la danse pour rester assise auprès de Rodrigue qui, lui, ne dansait pas. Tout de même ils paraissaient se divertir beaucoup à regarder les autres. Arthur valsait avec la plus grande aisance et ne semblait guère, ma foi, accablé de chagrin. Il ne vint pas m'inviter à danser, ce qui me dépita quelque peu. Il est vrai qu'Antoine laissait peu de chances aux autres cavaliers: il m'entraînait dès les premières mesures! La soirée se termina assez tard et, avant de se quitter, tout le monde chanta, comme le voulait la coutume, *Bonsoir, mes amis, bonsoir. Au revoir!* Les yeux gris m'effleurèrent un moment et nous échangeâmes un sourire, sans plus. De retour à la maison, je dis à Éva:

— Sais-tu que tu as fait une conquête? Ce monsieur Denis semblait se plaire joliment en ta compagnie! À ta place je tâcherais de le revoir. C'est un très bon parti, tu sais, et avec ça, joli garçon...

— Voyons donc, tu rêves! C'est toi qu'il regardait tout le temps, chaque fois que tu étais occupée ailleurs. Le peu de fois où il m'a adressé la parole, il n'a fait que me poser des questions à ton sujet.

Et les choses en restèrent là... Pas pour très longtemps, toutefois. Durant les deux ou trois mois qui suivirent, tant d'événements se bousculèrent que j'en oubliai presque le bel Arthur.

* * *

Depuis l'arrivée de Rodrigue on ne parlait plus que de théâtre. Comme je l'ai déjà dit, il n'y avait pas encore ici d'acteurs professionnels de langue française, mais les troupes d'amateurs pullulaient à Montréal comme dans plusieurs autres villes de la province, et ailleurs au pays, où il y avait aussi des Canadiens français. Même en Nouvelle-Angleterre, chez les Franco-Américains, ce fut une explosion de clubs d'art dramatique dont les journaux de Montréal nous apportaient les échos. Cet engouement extraordinaire pour le théâtre français était dû, pour une large part, à l'enseignement dans les collèges classiques. Il était dû aussi sans doute aux quelques représentations que donnaient des troupes d'artistes venues de France. Nous avions, en quelque sorte, redécouvert le génie français. Le drame, la comédie, l'opérette, enfin tout ce qui se jouait sur une scène en français réveillait en nos cœurs l'esprit de nos ancêtres, quelque peu endormi depuis plus d'un siècle.

Donc Rodrigue, qui avait le virus du théâtre, se mit à nous apporter des pièces d'auteurs français (ou même à l'occasion d'auteurs canadiens) glanées ici et là, et nous les lisions le soir à haute voix. Maman et moi lui donnions la réplique, tandis que les autres membres de la maisonnée formaient notre auditoire.

Tout le monde s'amusait bien. Mon cousin avait aussi beaucoup d'amis, tous membres de cercles d'art dramatique amateurs, et il en invita quelques-uns à répéter avec nous. Plusieurs d'entre eux étaient connus du public et déjà fort appréciés; quelques-uns devinrent par la suite des acteurs de grand mérite, les autres, presque tous étudiants comme Rodrigue, abandonnèrent le théâtre pour la profession que leurs parents, ou eux-mêmes, avaient choisie...

Nous étions tous jeunes alors, et pleins d'entrain, même maman, et ces garçons avaient l'air de se plaire en notre compagnie. Il faut dire également qu'il n'y avait pas de femmes dans leurs cercles dramatiques et je pense qu'ils ne détestaient pas échanger des répliques avec des partenaires du beau sexe. S'il n'y avait pas de femmes dans ces groupes de théâtre, c'était dû, d'abord, au fait que ceux-ci devaient prendre naissance presque spontanément, la plupart du temps, par ce besoin qu'éprouve le sexe fort (!) de se regrouper pour prendre un verre et discourir entre hommes. Les clubs et les tavernes n'ont pas d'autre raison d'être. Les souvenirs de collège ainsi que les représentations théâtrales auxquelles ils avaient peut-être assisté donnèrent à quelques-uns le goût de se produire sur une scène et ils commencèrent comme ça, pour s'amuser. Pour d'autres ce pouvait être aussi par intérêt, dans l'espoir que cela rapporterait quelque chose, mais on m'a dit que rares étaient ceux qui faisaient leurs frais. Au début, les pièces choisies devaient être modifiées de façon à éliminer les rôles féminins et à retrancher toute parole un peu leste. Puis, peu à peu, on eut recours au travestissement, les plus jeunes jouant les ingénues, les autres les vieilles rombières. C'était d'un comique! Cela rendait les comédiens encore plus drôles, et les drames plutôt désastreux, mais il n'était pas question que les femmes montent sur les planches — du moins, pas les femmes comme il faut. C'était très mal vu de la société bien pensante: une actrice, une artiste dramatique, une comédienne, fi!... Sauf si cette personne venait de l'étranger, alors là, elle était adulée, fêtée et reçue dans le meilleur monde! Cette mentalité, heureusement, devait changer dans les quelques années qui suivirent. M'est avis que les Soirées de Famille ont beaucoup contribué à ce changement: elles furent pour ainsi dire le lien entre les représentations des cercles d'art dramatique et le théâtre organisé permanent du Canada français.

Justement, parlant des Soirées de Famille, c'est cet automne-là, en novembre si j'ai bonne mémoire, que Rodrigue nous amena un soir Elzéar Roy, alors directeur d'un groupe de l'Association Saint-Jean-Baptiste. Nous improvisâmes à la hâte une scène dans un coin du salon pour jouer devant lui un lever de rideau de Feydeau que nous répétions depuis quelques jours. Éva se cacha derrière le paravent pour nous souffler nos répliques en cas de trous de mémoire. J'avais un trac fou! M. Roy nous écouta et nous observa avec attention; il marqua beaucoup d'intérêt et de plaisir à plusieurs reprises durant notre représentation et nous prodigua ensuite des compliments et quelques conseils. Il avait déjà vu Rodrigue et les autres sur une scène de collège, mais maman et moi étions pour lui de nouvelles venues.

— Savez-vous que vous avez un talent naturel remarquable, nous dit-il, et que vous possédez ce qu'il faut pour certains emplois de théâtre pas toujours faciles à remplir? Il est grand temps que les femmes, ici, prennent la place qui leur revient. Je vous verrais bien, madame Chapdelaine, dans un rôle de mère ou dans celui d'une jeune veuve, ou encore d'une dame de la Cour, amie et conseillère du Roi; vous avez la présence, le maintien qu'il faut. Et vous, mademoiselle Élise, quelle ingénue vous faites!

Nous étions ravies, car nous commencions à être sérieusement mordues par l'art scénique. Et c'est justement ce monsieur Roy qui allait fonder les Soirées de Famille. Seulement, à ce moment-là, il n'y avait encore rien de décidé. Il en rêvait peut-être, mais ne jugea pas à propos de nous mettre au courant de son idée.

* * *

Avec tout cela, l'année déjà tirait à sa fin. Décembre, je me rappelle, fut particulièrement froid mais nous ne sentions pas la froidure dans la chaleur des préparatifs des Fêtes. Maman faisait ses beignes et ses tourtières. Ses beignes? Je n'ai jamais réussi, de toute ma vie, à les faire aussi bons. Pourtant j'ai toujours été cordon-bleu moi-même; je réussis bien les recettes de ma mère et de ma grand-mère, mais les beignes, jamais! Éva aidait maman dans toutes ses tâches ménagères et, dans nos temps libres, nous courions dans les magasins (sans beaucoup de sous en poche, il faut bien le dire) pour dénicher les

128

étrennes du jour de l'An, car nous suivions la coutume française, que nous avons conservée longtemps du reste, de n'offrir les présents que le premier de l'An. Noël était d'abord et avant tout une fête religieuse et, ensuite, l'occasion de grandes réjouissances familiales et d'agapes fraternelles avec des amis. Le jour de l'An, c'étaient les étrennes et encore des dîners de famille, avec beaucoup de baisers et de vœux de bonne année. C'était aussi la coutume qu'en ce jour les jeunes gens rendent visite à toutes les jeunes filles de leur connaissance. Ils commençaient très tôt l'après-midi et, comme le père de la jeune demoiselle, ou son frère aîné à défaut du père, offrait toujours une lampée avant le départ, ils étaient plus ou moins éméchés lorsque le soir tombait. Qu'importe, c'était le jour de l'An! On chantait, on riait, on s'embrassait...

Cette année-là, nous étions de nouveau invités chez les Manny pour le réveillon de Noël après la messe de minuit. Comme d'habitude, Antoine et Lucien allaient passer les Fêtes chez leurs parents mais, en plus des quatre Chapdelaine, nous avions maintenant Éva et Rodrigue avec nous. Maman insista auprès de Mme Manny pour aider aux préparatifs du réveillon, et il fut convenu qu'en cette occasion nous apporterions la dinde, farcie et toute fumante, sortant du four. Mes aïeux! Quelle odeur appétissante flottait dans la maison en cette veille de Noël! D'autant plus qu'en ce dernier jour de l'Avent on devait faire jeûne et abstinence jusqu'après la messe. Alors, est-il besoin de dire que les jeunes loups affamés que nous étions avaient grande hâte de se retrouver autour de la table? Notre pauvre Toutou n'était pas de la fête: il avait encore attrapé une vilaine grippe et filait un mauvais coton. Notre mère, Éva et Rodrigue iraient à la messe de minuit à Saint-Jacques, notre église paroissiale. Quant à moi, je tenais par-dessus tout à faire mes dévotions de Noël à l'église Notre-Dame, à la Paroisse comme on l'appelait, parce qu'elle était la plus ancienne, la première paroisse de Montréal. J'aimais ce temple que je trouvais magnifique. De plus, ce soir-là, notre cousine Victoria Cartier devait toucher l'orgue et je désirais beaucoup l'entendre. Elle avait étudié le piano et l'orgue avec M. Romain Pelletier, le professeur de Germaine Manny. Puis, sur les conseils de ce monsieur Pelletier, elle était allée se perfectionner à Paris. Elle avait passé ses concours brillamment et s'était même fait entendre en concert avant de revenir au pays. Elle avait dix ans de plus que moi et nous l'avions perdue de vue depuis son départ pour l'Europe, mais ce soir, je voulais à tout prix l'entendre à l'orgue de la Paroisse.

J'avais donc décidé Albert à m'accompagner. Nous devions tous nous retrouver après la messe chez nos bons amis, les Manny. Je n'oublierai jamais ce Noël à Notre-Dame où se retrouvait le Tout-Montréal: les hommes en habit de soirée, les femmes dans tous leurs atours, manteaux de fourrure et chapeaux à plumes d'autruche ou à aigrettes d'oiseau du paradis. Tout y était splendide! La cérémonie religieuse en tout premier lieu, les fleurs, les flammes scintillantes de centaines de lampions et de cierges, les chœurs d'enfants et le toucher de l'orgue par

Victoria Cartier. Cette musique me parut céleste. Quelle grande artiste elle était, notre cousine! Dommage qu'elle ait choisi l'enseignement plutôt que les récitals. Mais elle avait conçu une méthode d'enseignement pour piano et orgue et elle donnait des cours de formation aux religieuses, elles-mêmes professeurs de piano, qui utilisaient à leur tour cet enseignement auprès de leurs élèves. Presque tous les couvents du Québec ont pratiqué cette méthode de pédagogie musicale. Victoria fonda même l'École de piano Paris-Montréal et, plus tard, fut invitée à faire partie d'un jury d'examen à Paris où, paraît-il, elle fut comblée d'honneurs. À la fin de sa vie, Victoria se retira en pension chez des religieuses du Bon-Pasteur, à leur couvent désaffecté Saint-Louis-de-Gonzague, où on la garda, avec d'autres sœurs âgées, jusqu'à sa mort, en reconnaissance de ce qu'elle avait apporté à la congrégation avec sa méthode. Mais laissons cette chère Victoria à Notre-Dame, pour le moment.

En sortant du sanctuaire après la messe, une foule énorme se pressait sous le porche, foule encore grossie par toutes les personnes qui venaient des jubés. J'aperçus soudain, descendant par l'escalier de droite, Arthur Denis, en manteau de chat sauvage (on appelait ça un capot de chat) avec un chapeau mou de feutre noir à bords étroits. Je tirai Albert par la manche:

— Vite, vite, lui dis-je, par ici, par ici...

Et je bousculai un peu, sans aucun souci, tout ce beau monde qui normalement aurait dû atteindre la sortie avant nous. Albert bougonnait et s'excusait auprès des gens pour la bousculade:

— Mais qu'est-ce qui te prend, Élise, voyons!

Ce qui me prenait c'est que je voulais à tout prix gagner la sortie en même temps qu'Arthur. J'avais si bien calculé mon élan que je me trouvai nez à nez avec lui juste au moment de franchir la porte! Tandis que mon pauvre Albert restait à l'arrière, coincé dans la foule. Je m'exclamai de mon air le plus ingénu:

— Ah, mais c'est monsieur Denis, quelle coïncidence!

— Quelle *heureuse* coïncidence, en effet.

Nous nous arrêtons sur le parvis. Arthur jette un regard autour de nous:

— Mais... vous êtes seule, mademoiselle Chapdelaine!

— Non, non, je suis avec mon frère Albert. Il doit être là, derrière; la foule nous a séparés.

— Il y a tant de gens qui se bousculent pour sortir, sans s'occuper des autres.

— C'est vrai (!!!).

La nuit est merveilleuse; une vraie nuit de Noël! Le froid intense des derniers jours s'est adouci; une neige floconneuse tombe doucement et s'accroche à nos vêtements comme de minuscules étoiles scintillantes. La place d'Armes commence à s'envelopper d'ouate; les grelots des attelages, les voix, les rires nous parviennent atténués, comme flous... Albert finit tout de même par nous rejoindre. Après la poignée de mains et les Joyeux Noël d'usage, Arthur propose de nous accompagner un bout de chemin. Mais bientôt les flocons cristallins se font plus denses, nous rendant la marche difficile; le vent commence à fraîchir. Arthur ne perd pas de temps, arrête un fiacre au passage et s'offre à nous reconduire chez nous, ce que nous acceptons avec grand plaisir. Le vieux cheval, conduit par son vieux cocher barbu, prend bien son temps pour nous amener à notre porte. Il s'arrête en bordure du trottoir, juste devant le petit banc de pierre placé là tout exprès. Arthur saute lestement à terre et me tend la main pour m'aider à descendre. Avant même que je pose le pied sur la pierre, il me serre la taille de ses deux mains, me soulève comme une plume et me pose doucement — très lentement — sur le trottoir. Ses yeux gris-bleu braqués sur les miens sont un peu moqueurs.

— Quand il y a de la neige sur ces pierres, elles sont parfois un peu glissantes, dit-il, je ne voulais pas que vous risquiez de tomber...

Je le trouvai un peu effronté, mais je ne peux pas dire que cela m'ait déplu... C'était un homme décidé. Je dis simplement:

— Merci, vous m'avez peut-être sauvé la vie (?!)... Je vous inviterais bien à monter prendre quelque chose avec nous, mais nous sommes attendus pour le réveillon chez nos voisins, les Manny...

Albert déclara qu'il avait décidé de ne pas aller à ce réveillon parce qu'il ne voulait pas se coucher trop tard, étant prié à dîner chez des amis le lendemain midi. Cher frère de mon cœur! Je sautai sur l'occasion. Puisqu'il restait à la maison je pouvais donc inviter Arthur, en lui assurant d'abord que je ne tenais pas particulièrement à cette veillée chez nos amis:

— Nous les voyons souvent, vous savez... Plus souvent que vous. Maman a préparé une soupe aux huîtres pour mon frère Rod qui doit garder la chambre avec une grosse grippe, mais je suis certaine qu'il y en aura assez pour nous quatre. Alors, c'est entendu?

Arthur ne se fit pas prier davantage. Le cocher réglé, nous entrâmes et, tandis qu'Albert offrait un verre à notre ami, je filai à la cuisine pour chauffer la soupe et montai prévenir Toutou que nous avions un invité. Juste à ce moment, le téléphone sonna. C'était une des Manny.

— Qu'est-ce que tu fais, Élise? Vous êtes rentrés? Tout le monde se demandait ce qui avait pu vous arriver. Ta mère commence à s'inquiéter sérieusement!

Lorsqu'elle apprit ce qui s'était passé, elle insista pour que j'amène le visiteur:

— Venez vite tous les trois, nous vous attendons.

Je transmis l'invitation, mais Albert ne voulait toujours pas nous accompagner. Si bien qu'Arthur et moi endossâmes nos manteaux pour aller chez nos voisins, laissant mes deux frères en tête-à-tête avec leur soupe aux huîtres.

Et c'est ainsi que tout a commencé entre Arthur et moi. Au début ce n'était qu'un flirt, de ma part à tout le moins... Pourtant, c'était bien le commencement de notre amour.

Chez les Manny, la fête battait son plein. Arthur connaissait déjà toute la famille; il n'y avait là que maman qu'il n'avait pas encore rencontrée. Les présentations faites, nous passâmes à table où l'on nous plaça, comme par hasard, l'un à côté de l'autre; Éva et Rodrigue étaient en face de nous. Était-ce un présage?... Par la suite, à la lumière des événements, on a pu le croire. Maman, assise au bout de la table à côté de M. Manny, regardait tour à tour d'un air songeur les deux couples que nous formions. Dans les mois qui suivirent, c'est elle d'ailleurs qui s'aperçut la première des sentiments tendres qui unissaient mes deux cousins; jamais je ne m'en serais doutée.

Au cours du repas, Arthur me demanda à brûle-pourpoint si je savais patiner.

— Bien sûr! J'ai appris quand j'étais toute petite avec mon père et mes frères, à Saint-Ours-sur-Richelieu. Pourquoi voulez-vous savoir cela?

— C'est que j'ai un abonnement à la patinoire Le Montagnard et que l'on peut inviter quelqu'un. Est-ce que ça vous plairait de m'y accompagner un de ces jours?

Il me demandait si ça me plairait! J'avais entendu parler du Montagnard: une grande patinoire intérieure, avec un orchestre! Mais je n'avais pas de patins. Je dis à Arthur que j'étais passablement prise en ce moment et que, de plus, j'avais peur d'avoir oublié.

— Il y a si longtemps que j'ai patiné...

— Oh, vous savez, on n'oublie jamais. En tout cas, si vous changez d'avis, téléphonez-moi au bureau.

Quand je me mis au lit, aux petites heures, ce matin de Noël, je ne pus fermer l'œil: je faisais des plans pour avoir des patins. Pas question d'en acheter ni d'en demander à maman, c'était trop cher. Un seul recours: Albert! C'était lui le mieux nanti de la famille, mais comment lui présenter la chose? Il fallait attendre l'instant favorable, pas trop longtemps car

Arthur pourrait bien en inviter une autre, ou retourner à Émilienne, qui sait? Ce fut le soir même, un peu avant le souper, que l'occasion se présenta. Albert était de très joyeuse humeur; il paraissait enchanté de son dîner chez les parents d'une jeune fille qui semblait lui plaire beaucoup. Il entama le sujet des étrennes et me demanda conseil sur ce qu'il pourrait offrir à notre mère. Je dis du parfum et poursuivis sans reprendre haleine:

— Et à moi, Albert, si tu voulais me faire un grand, grand plaisir, sais-tu ce que tu devrais m'acheter pour mes étrennes? Une paire de patins à lames...

— Es-tu folle? Des patins, ça coûte les yeux de la tête!

C'est vrai, ça coûtait au moins cinq dollars. Mais je ne lâchai pas:

— Si tu savais combien je serais heureuse d'aller patiner comme autrefois à Saint-Ours. Tu te souviens, avec papa? Si tu fais ça pour moi, tu ne le regretteras pas, tu verras, Albert. D'abord ça pourrait être du même coup mon cadeau d'anniversaire; et puis je presserai tes pantalons et tes cravates; je laverai et repasserai tes chemises pendant deux mois!

— Non, trois mois.

— Entendu, trois mois. Je t'adore!

Je lui sautai au cou.

— Je suis follement heureuse!

— Ça va, ça va. Seulement n'oublie pas ton engagement, c'est un contrat. Parce que, autrement, tu sais, tes patins... je les revendrai.

Je ne perdis pas de temps. Dès le lendemain,

j'appelai Arthur au téléphone pour lui dire que, si son invitation tenait toujours, j'aimerais bien aller patiner au Montagnard avec lui après le jour de l'An.

— Entendu, Élise. Je vous fais signe dès la semaine prochaine. Je suis enchanté de la bonne nouvelle. À bientôt!...

En raccrochant, je pensai: «C'est Éva Dagenais qui va être surprise!... Attends un peu que je lui raconte ce qui m'arrive...»

Chapitre VIII

L'année 1898, qui devait être si fertile en événements, débuta dans la joie. Le matin, tout de suite après la messe en famille, nous prîmes un copieux déjeuner: omelette au lard, saucisses, cretons et crêpes au sucre d'érable. Toutefois, en ce matin du jour de l'An, il manquait quelque chose à notre joie profonde: la bénédiction paternelle! Nous nous souvenions que pepère bénissait toujours ses enfants et ses petits-enfants en cette occasion; notre père aussi, durant sa courte vie, nous donnait sa bénédiction lorsque nous venions nous agenouiller devant lui; l'aîné la lui demandait en notre nom à tous. Cette minute solennelle m'avait toujours profondément impressionnée, et j'espérais bien que, plus tard, mon mari continuerait cette touchante et belle tradition. Hélas, en ce début de l'année 1898, notre grand-père et notre père n'étaient plus de ce monde, et nous nous efforcions de ne pas nous attrister avec nos souvenirs.

Après le déjeuner vinrent les étrennes. Toute la famille se réunit au salon, maman, mes frères et moi, Éva et Rodrigue, pour l'échange des cadeaux. Je reçus des mains d'Albert mes patins tant désirés, lames étincelantes et parfaitement aiguisées, bottines de cuir noir. Jamais présent ne me causa plus de plaisir, bien que j'eusse à m'acquitter par la suite de mon engagement envers mon frère. Je ne me souviens plus des autres cadeaux reçus ce jour-là; seuls les patins avaient de l'importance à mes yeux. Je brûlais du désir d'aller dehors tout de suite les étrenner, n'importe où, dans les flaques ou les rigoles gelées le long du trottoir, mais il fallait nous préparer pour un long après-midi de visites. Nous, les femmes, devions laver la vaisselle du déjeuner-dîner, tout ranger dans la maison, nous mettre en grande toilette et préparer les bonbonnières de sucre à la crème et autres friandises à offrir à nos visiteurs. De leur côté, les garçons devaient se faire beaux pour aller voir les jeunes filles qui les intéressaient. Albert avait refusé tout net de rester à la maison pour servir à boire aux galants de sa sœur et de sa cousine; il voulait lui aussi aller faire ses visites. Il nous persuada donc d'installer sur le guéridon de l'entrée un plateau avec des verres et une carafe de gin, afin que chacun puisse se servir avant de sortir. Il paraît que cela se faisait partout. Maman dit:

— Bien, mais quand la carafe sera vide, je ne la remplirai pas. Tant pis pour ceux qui viendront trop tard.

Ce fut Rodrigue qui sauva la situation lorsqu'il s'offrit pour surveiller les coups de l'étrier:

— Ma tante, je n'ai pas d'autres visites à faire que celle que je dois aux Manny; j'aimerais rentrer à la maison, tout de suite après, et rester avec vous...

Ce fut un défilé de visiteurs sans précédent ce jour-là. Il faut dire que nous étions connues, maman,

Éva et moi. Il y avait tout le groupe d'art dramatique et plusieurs autres étudiants et amis amenés par les membres de ce groupe, entre autres Louis Coderre, du Cercle littéraire Saint-Henri, Honoré Fréchette, Jean Charbonneau, Emmanuel Bourque. Je m'aperçus que nous étions, ma foi, très populaires; Éva s'en allait sur ses dix-huit ans et Dieu qu'elle était jolie! Moi, j'aurais bientôt vingt ans. Notre cousin Armand Béliveau vint nous saluer avec MM. Thibaudeau Rinfret et Lomer Gouin. On parla de théâtre et aussi de politique, en particulier de Wilfrid Laurier, notre nouveau Premier ministre sur la scène fédérale depuis environ un an, à qui on prédisait une longue et fructueuse carrière politique. C'était le premier chef d'un gouvernement libéral depuis la Confédération et, par surcroît, il était Canadien français. Très intéressant tout cela; j'aurais bien voulu en connaître davantage en ce domaine, mais Éva, pas plus que maman du reste, ne s'y intéressait vraiment. Les femmes, en ce temps-là, ne se mêlaient guère aux conversations sérieuses de ces messieurs. Elles n'avaient même pas le droit de vote! Les hommes ramenèrent donc la conversation à un niveau accessible, comme on parle à des enfants. Non, c'est vrai, on nous traitait comme des êtres inférieurs, incapables de comprendre les sujets sérieux. Même que le ton de voix de ces messieurs s'adoucissait lorsqu'ils parlaient aux femmes, surtout aux jeunes filles, pour débiter un tas de mièvreries ou de taquineries enfantines. Oui, c'est bien le mot. On nous considérait comme de véritables enfants! Ce doit être pour cela que je me sentais si agacée par moments.

Enfin, l'après-midi se termina comme il avait commencé: dans l'entrain. Tout le monde se sentait heureux, mais aussi très fatigué, sauf Rodrigue qui s'était occupé des rafraîchissements à la porte du salon et paraissait plutôt survolté. Maman se demandait si elle avait bien fait de lui confier cette tâche (s'il avait trinqué avec chacun de nos visiteurs, pas surprenant qu'il soit pour le moins pompette) mais elle ne dit rien parce que c'était le jour de l'An; elle ne fit pas non plus de reproches à ses fils qui rentraient de leur tournée de visites pas trop solides sur leurs pattes. Nos trois lurons montèrent faire un somme tandis que nous, les femmes, veillions aux derniers préparatifs du repas: nous recevions les Manny à notre tour et ce dîner devait être un succès. Notre mère se surpassa en cette occasion: potage aux légumes, cochon de lait farci, tourtières, mousse d'érable, gâteau aux fruits, beignes... Elle nous dit, après le départ de nos invités:

— C'était bon, hein? Je suis bien satisfaite: tout le monde a beaucoup mangé. Au moins, si quelqu'un meurt cette nuit, il n'ira pas écornifler les saints!

Lorsque, très tard, il nous fut enfin permis d'aller enlever nos carcans, c'est-à-dire nos corsets (véritables appareils de torture), nous eûmes un long soupir de soulagement! Toutes trois enveloppées de nos chaudes robes de chambre en molleton ornées de brandebourgs, nous échangions nos commentaires, étendues sur le grand lit que je partageais avec maman, quand Éva s'avisa tout d'un coup de l'absence d'Arthur Denis parmi nos visiteurs de l'après-midi. J'avais été si occupée tout le temps que je ne

Album de famille

Les grands-parents Larue en 1879
Pepère, 68 ans et Memère, 65 ans

Daguerréotype datant probablement de 1885
Ulric Léon Chapdelaine
(1849-1887), père d'Albert,
de Rodrigue et d'Élise

*Lévi Larue et Noflette Brazeau fêtent
leurs noces de diamant,
le 12 août 1893*

Arthur Denis, le fiancé d'Émilienne (?)

Portraits de fiançailles (janvier 1899)

Souvenir du voyage de noces
d'Élise et d'Arthur

(Avril 1899)

Alice Denis en l'année 1900

Fernand à six mois

à quinze mois

Les Soirées de Famille au Monument National: «Madame la Maréchale»

Emmanuel Bourque   Arthur Denis   Mme Chapdelaine   Jean Charbonneau   Elzéar Roy   Clara Reid   Mary Calder

Élise Chapdelaine   Rodrigue Duhamel

Me Rodrigue H. Duhamel, notaire

Séjour à Saint-Roch
chez les Duhamel
(été 1904)

Fernand entre au Jardin de l'enfance (1905)

Woodlands (1906)
Sur le chemin du lac

Au pont de la petite rivière Saint-Jean

(1906-1907)
Colorado

Souvenirs du Colorado

m'en étais même pas aperçue! Je me redressai d'un bond, les genoux au menton, les bras encerclant mes jambes:

— C'est pourtant vrai qu'il ne s'est pas montré! Oh, mais ça m'est égal, je finirai bien par l'apprivoiser, cet oiseau rebelle. Je ne vous dis que ça: il viendra manger dans ma main!

— Tut, tut, tut! fit maman d'une voix ensommeillée, tu dis des sottises, Élise. Et toi, Éva, monte donc te coucher, ma petite fille, la journée a été assez longue comme ça...

* * *

C'est le surlendemain qu'Arthur me téléphona. Il aurait aimé, paraît-il, venir nous présenter ses hommages le jour de l'An, mais il avait été retenu toute la journée dans sa famille par ces repas traditionnels qui n'en finissent plus. Il ajouta, avec une certaine insistance, qu'il n'avait fait aucune autre visite. Il mentait peut-être? Peu importe, puisqu'il m'invita pour aller patiner au Montagnard le samedi. Par la suite, ce fut toutes les semaines. Quel plaisir que d'évoluer sur la glace avec lui! Il dansait, il volait, me guidant d'une main ferme et sûre. Je ne mis pas de temps à apprendre ces figures si belles à voir et si amusantes à exécuter. Par moments, au rythme d'une musique entraînante, nous ne faisions que tourner, avec les autres patineurs, autour de cette piste de cristal, en nous tenant par la taille; il me pressait peut-être un peu trop contre lui, mais c'était sans doute pour m'empêcher de tomber (!). Nous revenions ensuite à la maison prendre une tasse de chocolat et Arthur nous parlait de sa famille. Il avait encore ses parents, trois frères et autant de sœurs; un seul parmi eux était marié, son frère aîné, Ernest; sa sœur Alice, de cinq ans plus jeune que lui, était sa préférée et il nous apprit qu'elle désirait entrer au Bell, elle aussi. Elle devint effectivement demoiselle du téléphone un mois plus tard, et nous fûmes de grandes amies toute notre vie.

Outre les séances de patinage, nous avions toujours nos réunions de théâtre avec Rodrigue et ses amis. J'y invitai Arthur et ce fut, pour lui aussi, le coup de foudre. Il s'intégra rapidement au groupe et participa bientôt à la lecture des pièces que Rodrigue nous apportait. Il lisait avec facilité et naturel, mais je dois dire que son grand talent c'était plutôt le chant. Je l'accompagnais au piano: un bon prétexte pour se voir plus souvent. J'ai oublié de dire plus tôt que nous avions maintenant un piano. M. Manny, qui avait offert un piano de concert à sa fille Germaine, dont le talent s'affirmait de plus en plus, nous avait cédé l'ancien à très bon compte. Une aubaine qui devait beaucoup améliorer notre qualité de vie.

Partagée comme je l'étais entre la musique, le théâtre, les excursions en raquettes et le patinage au Montagnard, l'hiver me parut très court. Un beau dimanche de mars, M. Elzéar Roy nous arriva tout à coup et nous proposa sans préambule, à maman et à moi, de tenir un rôle dans une pièce qu'il voulait mettre en scène au Monument National, le soir du 24 juin, fête de la Saint-Jean-Baptiste. Pour les rôles masculins il n'avait que l'embarras du choix

(Rodrigue, sûrement, serait de la distribution) mais il avait besoin d'une jeune mère et d'une ingénue, et il s'était souvenu de nous. Nous n'allions pas laisser passer cette chance: il y avait longtemps que nous brûlions du désir de monter sur les planches, au moins une fois dans notre vie! L'occasion nous était offerte et, par surcroît, au Monument National, une vraie salle de théâtre rouge et or! Le cours de notre existence prit alors une densité nouvelle. Les rôles à apprendre par cœur, qu'Éva nous faisait répéter; les répétitions sous la direction d'Elzéar Roy, qui tenait aussi le premier rôle; l'essayage des costumes; l'apprentissage du maquillage de scène; bref, tout, tout, tout.

Le soir du 24 juin arriva enfin. À la fièvre des préparatifs avaient succédé l'énervement et les affres du trac le plus intense. En coulisses, j'essayais de me remémorer ma phrase d'entrée en scène. Ô horreur! Je l'avais totalement oubliée! Dans mon désarroi, je cherchai maman du regard. Elle me sourit avec un petit hochement de tête qui voulait être encourageant, mais ce qui me frappa c'était sa beauté, avec le maquillage et sans lunettes. Comme elle paraissait jeune! Elle avait pourtant quarante-sept ans, ce qui me semblait vieux. J'entendis soudain, venant de la scène, la réplique qui devait marquer mon entrée et je restai figée, clouée sur place. Elzéar Roy me poussa doucement par les épaules en disant d'un ton ferme:

— Ça va très bien aller, vas-y!

En entrant, éblouie par les feux de la rampe, il me sembla que j'allais m'évanouir, puis j'aperçus les autres personnages, mes compagnons, qui m'attendaient pour continuer, et les mots me vinrent tout

147

seuls, les gestes aussi, pourtant je marchais et me déplaçais comme en rêve. Le deuxième et le troisième actes me parurent beaucoup plus faciles. Quand les applaudissements prolongés se firent entendre, je ne pouvais pas croire que c'était fini! Nous avons eu un grand succès; il paraît que tout avait bien marché et que notre metteur en scène était très content. Les jours qui suivirent baignèrent dans l'euphorie la plus complète. Qu'on ne me demande surtout pas le nom de la pièce, ni le rôle que j'y tenais, ça, je l'ai complètement oublié. Tout ce que j'ai retenu de cette soirée exaltante, c'est un contentement presque inexprimable; le sentiment de m'être accomplie, réalisée, d'avoir vécu quelque chose de parfaitement merveilleux... et le goût de recommencer. La passion, quoi! Oui, pour l'acteur et l'actrice, jouer un rôle sur une scène de théâtre est un acte passionné. Cela prend aux tripes...

Le lendemain de cette représentation mémorable, le doyen des professeurs des Cours Publics de l'Association Saint-Jean-Baptiste écrivait à Elzéar Roy afin de le féliciter du grand succès remporté pour cette soirée. Vous avez tous été admirables, disait-il, surtout Mme Chapdelaine et vous. Puis il poursuivait en lui soumettant un projet qui lui tenait fortement à cœur:

1. Le 1er septembre, création d'un cours d'élocution.
2. En rapport avec ce cours, création de La Société Dramatique de Montréal, qui serait l'école d'application du cours

d'élocution et pour laquelle on recrute-
rait les élèves les plus distingués.

3. La Société Dramatique donnerait une
   série de représentations chaque année,
   dont les recettes, après avoir soldé
   toutes les dépenses, serviraient à in-
   demniser les sociétaires sur une base à
   déterminer par la direction de la société.

4. Le directeur de la Société Dramatique
   serait en même temps le professeur ti-
   tulaire du cours d'élocution.

5. Le directeur aurait le contrôle entier de
   la Société Dramatique. Mais pour ce qui
   regardait la partie financière, il serait
   soumis à l'autorité du secrétaire-
   trésorier de l'association nationale.

M. le doyen terminait en proposant le poste à
Elzéar Roy.

Lorsque ce dernier vint nous annoncer qu'il allait
fonder une société théâtrale, laquelle société recrute-
rait des membres parmi les élèves du cours
d'élocution, notre adhésion ne fut pas immédiate.
Jouer la comédie, ou le drame, devant un public, c'est
une chose extrêmement agréable, je viens de le dire,
mais suivre des cours en est une autre. Surtout avec
les occupations que nous avions tous déjà: Rodrigue
à l'université, moi au Bell, et maman avec la charge
de la maison. Nos hésitations disparurent lorsque
M. Roy nous expliqua que ces cours auraient lieu le
soir et que, de plus, nous n'aurions pas besoin de les

suivre assidûment, «avec le sens inné du théâtre que nous avions». Il suffirait de nous inscrire pour devenir aptes à remplir un rôle aux Soirées de Famille. Du coup, nos craintes se dissipèrent. Même Arthur désira s'inscrire, par amour du théâtre sans doute, mais aussi pour une autre raison que je ne trouvai pas difficile à imaginer...

N'empêche que, dans l'ensemble, nos quelques cours sur l'art scénique furent très profitables. Ne serait-ce que pour apprendre à marcher, à s'asseoir, à se relever, à adopter des gestes gracieux sans affectation, vifs sans être saccadés. On s'imagine qu'il suffit d'être soi-même pour être naturel, rien n'est plus faux. On n'imagine pas combien il faut de travail pour arriver à jouer naturellement.

Les Soirées de Famille étaient donc créées et nous étions embarqués dans cette belle aventure qui devait durer trois années.

Pour en connaître davantage, il serait peut-être intéressant de lire cet article, que j'ai conservé avec quelques autres, et qui fut publié après la dissolution des Soirées de Famille.

SOIRÉES DE FAMILLE

En ce temps-là, le théâtre canadien-français n'existait pas encore à Montréal. Quelques essais s'étaient bien faits ici et là, à différentes époques; je laisse à un autre plus renseigné le soin d'en écrire l'histoire. Mais ces essais n'avaient pas réussi, peut-être parce que l'idée initiale avait été plus la spéculation que l'art. Car l'art rejette toute idée de spéculation; il ne peut s'établir que par l'amour qu'on lui porte, non par l'argent qu'on en espère. C'est le propre des œuvres de l'intelligence et du cœur de ne reposer que sur l'amour et sur l'enthousiasme, qui est le résultat de cet amour.

Or, le 13 novembre 1898, dans la vaste salle du Monument National, quelques amateurs donnaient la première présentation d'une série qui devait porter le nom de Soirées de Famille. Le théâtre canadien-français était né.

Ces Soirées de Famille constituaient l'application du cours d'élocution dont le créateur, je crois bien, fut le regretté J. X. Perrault. Suite à la lettre qu'il adressait, le 25 juin 1898, à M. Elzéar Roy, ce dernier donna sa réponse officielle dans les termes que voici, lors d'une assemblée publique, au Monument National, le 30 septembre 1898, à laquelle assistaient Monseigneur l'archevêque de Montréal, messieurs les ministres fédéraux et provinciaux et un nombreux public formé de l'élite de la population:

L'Association Saint-Jean-Baptiste, dans son ambition patriotique de faire des œuvres utiles aux Canadiens, a fondé il y a trois ans l'institution des Cours Publics, et depuis lors elle cherche cons-

151

tamment à les perfectionner, à présenter chaque année un programme plus complet et plus intéressant, si possible, que celui de l'année précédente; aujourd'hui, encouragée par le succès de sa belle entreprise, elle annonce la création d'un nouveau cours, celui d'élocution.

Mais ce cours ne portera véritablement de fruits qu'en autant qu'on mettra en pratique les leçons qu'on y recevra. C'est ce que monsieur le doyen des professeurs des Cours Publics a si bien compris, aussi a-t-il résolu de donner le complément nécessaire au cours d'élocution, je veux parler de l'École d'application, c'est-à-dire l'application des leçons données sur la prononciation, le geste et le maintien; en d'autres termes, ce sera une école où l'on étudiera la déclamation en général, la comédie, le drame et l'opérette, selon les circonstances et le talent des élèves.

Cette école, composée naturellement d'élèves des deux sexes, étant pour ainsi dire le vestibule d'un conservatoire, devra donner dans cette salle une série de représentations publiques, qu'on est convenu d'appeler Soirées de Famille *à cause du cachet d'intimité qui les distinguera, représentations qui seront une aubaine pour les spectateurs, qui suivront avec intérêt le succès des jeunes acteurs et joui-*

152

ront d'un bon spectacle français. En effet, les quelques tentatives théâtrales qui ont été faites par certains amateurs, et notamment lors de la célébration de la fête nationale, le 24 juin dernier, prouvent qu'il y a ici des talents réels pour la scène et, à cette occasion, le président général de l'Association Saint-Jean-Baptiste les félicita chaleureusement et ajouta qu'il serait désirable qu'un théâtre fût fondé; ce serait, disait-il, ouvrir une nouvelle carrière à la jeunesse intelligente et instruite de ce pays. De là l'idée de fonder l'École dramatique. Tout, alors, fait prévoir un grand succès artistique dans la nouvelle entreprise, puisque ces mêmes acteurs si chaudement félicités ont été les premiers à s'inscrire pour faire partie de cette école. Un grand nombre de jeunes gens et de jeunes filles de nos meilleures familles ont suivi leur exemple et ont offert leur concours à cette œuvre toute nationale.

Pour ma part c'est avec joie que j'ai accepté la charge de directeur dramatique, trop heureux si je puis contribuer pour une faible part aux bonnes et belles œuvres de l'Association Nationale.

Ce 13 novembre 1898, annoncé depuis plusieurs jours déjà, était donc enfin arrivé. Les cœurs de ceux qui devaient, ce soir-là, pa-

raître sur la scène battaient très précipitam-
ment. Le public avait envahi la salle toute
étincelante de lumières et de toilettes. Ce
n'était pas précisément la pièce annoncée qui
l'attirait: Le Testament de César Girodot *lui*
disait peu de chose, mais on allait voir, là
bientôt, sur une scène, non des illustres pro-
fessionnels venus de là-bas, en tournée, et
faisant des semaines à l'avance annoncer leur
arrivée et leur réputation à grands coups de
tam-tam, point: de simples jeunes amateurs,
dont le plus âgé comptait à peine trente prin-
temps, la plupart sortis dernièrement des col-
lèges sur les scènes desquels ils avaient fait
leurs premières armes. Mais c'était des
frères, des cousins, des amis; et ce soir-là, je
crus m'apercevoir que le frisson d'anxiété de
la scène se communiquait par les coulisses à
une bonne moitié de la salle.
Le rideau se lève: un silence radical se fait
instantanément. Mais bientôt la glace est
rompue; l'anxiété fait place à la plus vive
gaieté: acteurs et public se sentent à l'aise;
le rire, le fou rire envahit toute la salle. Quel
succès, mes amis, pour tous ces jeunes ac-
teurs! Ces succès se sont répétés de semaine
en semaine pendant trois ans, et chaque soi-
rée remplissait la salle du Monument. Et
c'était toujours une révélation pour celui qui
y entrait pour la première fois. Le jeu pou-
vait ne pas être impeccable — personne,
d'ailleurs, ne demandait la perfection —,

154

mais le travail, et la bonne volonté, et l'intuition de la scène aidant, ces jeunes amateurs avaient fini par acquérir un jeu souple, facile, naturel, qui leur permettait de monter les choses les plus difficiles, dans le drame comme dans la comédie. S'ils n'étaient pas des artistes dans toute la force du mot, n'ayant eu ni les leçons, ni les exemples, ni l'entraînement qu'il faut pour en arriver là, ces jeunes étaient loin d'être des cabotins. Ils faisaient du théâtre non par nécessité, mais uniquement par amusement, pour être juste, il faudrait dire par patriotisme. Ils s'étaient donné pour mission d'implanter à Montréal le beau, le bon théâtre français; et, une fois la semaine, ils nous donnaient l'un des chefs-d'œuvre de la mère patrie.

Les Soirées de Famille ne sont plus. Les jeunes amateurs qui en faisaient les frais ont dû, poussés par le struggle for life, *abandonner l'œuvre ébauchée pour se livrer entièrement à leur carrière. Les uns sont avocats, médecins ou notaires, les autres, industriels, marchands, les autres, de douces mères de famille; tous ont laissé dans l'esprit de leurs compatriotes le souvenir le plus agréable et le plus durable, tous se sont acquis et leur estime et leur reconnaissance.*

Extrait d'un article de M. Germain Beaulieu paru dans *L'annuaire théâtral* (1908-1909)

NOS AUTEURS

Germain Beaulieu

Caricature de A. Bourgeois.

ARTISTES ET AMATEURS
DES SOIRÉES DE FAMILLE
M. Elzéar Roy, directeur

TROUPE RÉGULIÈRE:

MM. Raoul Barré
  J. H. Bédard
  Emmanuel Bourque
  Jean Charbonneau
  Arthur Denis
  Victor Dubreuil
  Rodrigue H. Duhamel

MM. Eug. Hamel
  Eug. Lacasse
  J. O. Lemay
  Eugène Morin
  J. Alfred Naud
  Roméo Péloquin
  Ernest Tremblay

Madame Chapdelaine
Mlles Hélène Bénard
  Mary Calder
  Élise Chapdelaine
  Alice Croteau
  Antoinette Daigle

Mlles Blanche Giverny
  Yvonne Jacques
  Estelle Levy
  Ivonne Pepin
  Clara Reid
Et la petite Juliette Béliveau

ONT PRÊTÉ LEUR CONCOURS:

MM. Eugène Bastien
  Arthur Bégin
  Raoul Bénard
  Hector Bisaillon
  Louis Cousineau
  L. de G. Daignault
  Art. DeMartigny
  Chs. Drapeau

MM. A. Lamoureux
  Arthur Laramée
  Charles Lussier
  Alfred Marsil
  Raoul Masson
  Geo. Molleur
  Raphaël Ouimet
  Oscar Paradis

157

Raoul Dumouchel
Théo. Foisy
Honoré Fréchette
Louis Gagnon
Alban Germain
Paul Lacoste

Alex. Pinet
J. H. Rainville
Thibaudeau Rinfret
Henri Senécal
Joachim Talbot

Madame Brousseau
Mlles Hélène Gingras
    Bianca-Lyons

Mlles Béatrice Mallette
    Blanche Mallette
    Laura Papineau
    Blanche Payette

CHANTEURS

MM. Aug. Aubert
    Émile Bélanger
    Alex. Brossard
    N. Bruneau
    Jules Clément
    Alex. Clerck
    Gustave Comte
    L. G. Daignault
    Arthur Denis
    Edmond Desaulniers
    Antonio Destroismaisons
    Raoul Dionne
    Raoul Dumouchel
    F. Fleury
    Henri Jodoin
    Édouard Laberge
    Henri Landry

MM. F. A. Langlois
    Mendoza Langlois
    P. H. Laporte
    Dr. Latreille
    Raoul Masson
    Zénon Morin
    Édouard Panneton
    Geo. Panneton
    Albert Payette
    Fred Pelletier
    Victor Pelletier
    J. A. Pepin
    J. Pruneau
    W. Quesnel
    Joseph Saucier
    etc., etc.,
    etc.

CHANTEUSES

Madame Brousseau
Madame Eug. Lafricain
Mlles Mary Calder
    Antoinette Côté
    Blanche Dubois
    Hélène Gingras
    Albertine Gervais

Mlles Marie Louise Harel
    Blanche Payette
    Ivonne Pepin
    Régina Rondeau
    Anne Toupin
    Blanche Wells
    etc., etc., etc.

PIANISTES

MM. Alfred Laliberté

    Ernest Langlois
    Romain Pelletier
Mlle Alice Arcand

Mlles Thaïs de Boucher-
    ville
    Blanche Hardy
    Éva Plouffe
    etc., etc., etc.

VIOLONISTES

M. Henri Arnoldi
Mlle Blanche Gohier

Mlles Camille Hone
    Bianca Lyons
    etc.

VIOLONCELLISTE

M. Raoul Duquette

La fin de l'article précité, écrit par Germain Beaulieu, anticipe de plusieurs années sur mon récit: je n'en suis encore, pour le moment, qu'à l'inauguration des cours d'élocution en septembre 1898. Dès le début, M. Roy distribua les principaux rôles pour la représentation du 13 novembre. Ainsi, nous pouvions les étudier et les répéter en même temps que nous apprenions les rudiments de l'art scénique. Nous avons beaucoup travaillé durant cette première année, mais quel contentement nous en avons tiré! Chaque nouvelle pièce amenait un public de plus en plus nombreux.

La plus jeune de la troupe était Juliette Béliveau, qui allait devenir si appréciée du public par la suite pour ses dons de comédienne, tant au théâtre qu'à la radio et, plus tard, à la télé. Elle était toute jeune alors, sept ou huit ans, et très petite pour son âge, de sorte qu'on pouvait même lui confier des rôles d'enfants beaucoup plus jeunes. Dès qu'il y avait un enfant dans une pièce, garçon ou fille, c'était la petite Juliette qui jouait le rôle. C'est maman qui lui apprenait ses textes et la faisait répéter, le plus souvent à la maison. Juliette Béliveau a donc débuté sur la scène du Monument National avec les Soirées de Famille. Cela m'étonne toujours, lorsqu'on parle de la carrière de cette excellente comédienne, que l'on ne mentionne jamais ce fait.

D'étude en étude, de pièce en pièce, de succès en succès, notre première saison théâtrale se termina le 22 juin 1899, avec *Le Gendre de M. Poirier,* une saison qui dura sept mois et au cours de laquelle les Soirées de Famille donnèrent 32 représentations!

Même si nous n'étions pas de toutes les distributions, la charge fut malgré tout assez lourde et la dernière représentation fut accueillie avec grande satisfaction. La vie normale reprit son cours, rue Lagauchetière.

Les mois de juillet et d'août de cette année-là furent ensoleillés, chauds et aussi très reposants. Antoine et Lucien étaient en vacances dans leurs familles, mais Rodrigue n'était pas allé à Lowell et nous allions souvent nous promener à la montagne, Rodrigue, Éva, Arthur et moi. Nous trouvions merveilleux d'avoir le Mont-Royal ainsi à notre portée, dans notre ville. Nous grimpions presque jusqu'au faîte, par des sentiers sinueux et ombragés, bordés de bosquets odoriférants et pleins d'oiseaux joyeux et d'écureuils batifoleurs. Nous choisissions une clairière d'où la vue, plongeant sur la ville à nos pieds, nous enthousiasmait et, là, assis sur l'herbe fraîche, nous dégustions le pique-nique préparé par maman. Quelquefois, Éva Dagenais se joignait à nous; c'était toujours un grand plaisir de la retrouver. Rodrigue nous faisait rire aux larmes avec ses reparties bouffonnes; nous lisions des poèmes de Musset, de Victor Hugo, de François Coppée... Arthur chantait une romance.

Ah! que la vie était douce en ce temps-là...

Chapitre IX

UNE CHASSE MOUVEMENTÉE QUI FINIT BIEN — INQUIÉTUDES DE MAMAN CHAPDELAINE — EXCURSION SUR L'EAU: L'AUTOMNE, LA PEINTURE ET L'AMOUR — ÉLISE SE FIANCE ET QUITTE TEMPORAIREMENT LES SOIRÉES DE FAMILLE.

La vie continuait. Mon frère Rod allait beaucoup mieux, Dieu merci, et il avait retrouvé du travail dans un grand magasin. Albert, lui, était toujours fidèle à lui-même: il aimait beaucoup son travail à l'imprimerie, mais critiquait le patron; il s'était entiché de Wilfrid Laurier, mais désapprouvait avec violence la politique de son gouvernement; il parlait toujours très fort et s'emportait facilement si on n'était pas de son avis. Malgré tout, c'était un garçon serviable et parfois charmant, très sensible sous ses airs quelque peu bourrus.

Donc, comme je viens de le dire, la vie continuait. Septembre nous ramena les réunions du dimanche après-midi, avec les étudiants que Rodrigue nous avait présentés. Bientôt, plusieurs de nos nouveaux compagnons des Soirées de Famille se joignirent à notre groupe: jeunes gens et jeunes filles que leur amour du théâtre rapprochait.

Mais, j'y pense tout à coup: ce fut vers le même temps — eh oui! c'était bien en septembre — que nous eûmes une invasion de rats. La ville avait dû effectuer des travaux quelque part dans le voisinage et déranger cette vermine qui nous arriva comme une vague monstrueuse. Un vrai raz de marée! Ces affreux rongeurs, on ne les voyait jamais durant le jour mais, la nuit, on les entendait se balader dans la cuisine. Mes frères installèrent des pièges à rats. Comme maman et moi avions notre chambre dans la pièce à côté, ces petites bêtes horribles nous effrayaient terriblement. Nous tenions notre porte soigneusement fermée en tout temps et, le soir, avant d'aller dormir, les garçons regardaient sous le lit et fouillaient tous les coins, pour bien s'assurer qu'aucun rat, gros ou petit, ne s'y était aventuré. Nous laissions la lumière allumée toute la nuit. Mais l'éclairage était au gaz et maman avait tout aussi peur d'un accident par asphyxie! C'est dire que nous ne dormions pas beaucoup; nous entendions presque continuellement ce drôle de petit bruit, rapide et saccadé comme une pluie d'orage sur un toit de tôle: toc, toc, toc, flic, flac, floc. C'était la course des petites pattes griffues sur le prélart de la cuisine. Brusquement, un ressort claquait: une trappe avait fonctionné, et puis une autre, et encore une. Mais, au matin, nous retrouvions les ratières vides de leur fromage et vides aussi des proies que nous espérions, et redoutions tout à la fois d'y trouver. Les futés savaient s'y prendre! Comment arrivaient-ils à déclencher le mécanisme sans se faire pincer? Nous n'avons jamais pu éclaircir ce mystère...

Arthur, mis au courant de nos tracas, nous proposa une solution:

— Si vous voulez, madame Chapdelaine, je viendrai demain soir avec ma petite carabine. Je n'ai pas souvent l'occasion d'aller à la chasse, mais je suis assez bon tireur et je pense que je réussirai à vous débarrasser de vos rats.

Mais Arthur en était encore à ses débuts de chasseur. Maman hésita d'abord, puis accepta son offre. Il se présenta le lendemain soir avec carabine et munitions. Nous répandîmes des morceaux de pain et de fromage un peu partout sur le plancher de la cuisine, et notre chasseur s'installa pour une nuit de guet et de fusillade, l'arme au poing et un pot de café fort à portée de la main. Maman avait des doutes quant au succès de l'entreprise, mais moi j'avais la plus grande confiance en ce jeune homme qui prenait notre défense. Vers minuit et demi, la première détonation nous fit sursauter. Je criai de mon lit:

— En avez-vous abattu un?

— Oui, Élise, un gros. Mais il y en a deux ou trois autres qui ont filé. Ils vont sûrement revenir; essayez de vous rendormir.

C'était facile à dire: paf ici, paf là! Je n'y tenais plus; j'avais terriblement envie d'aller voir à côté. Je patientai néanmoins jusqu'à l'aube et, profitant d'un moment d'accalmie de la carabine et du fait que maman semblait s'être assoupie, je me levai sans bruit, enfilai ma robe de chambre et passai dans la cuisine. Une bonne dizaine de rats de diverses tailles gisaient à terre, inertes. Arthur était toujours à l'affût: assis à califourchon sur une des chaises de la cuisine, l'arme pointée devant lui, l'index sur la gâchette. Il tressaillit légèrement quand je demandai à voix basse:

— Alors, vous les avez tous tués?

— Pas tous. Ils arrivaient toujours par groupes de trois ou quatre à la fois; j'en tirais un et les autres

167

disparaissaient. Il doit y en avoir encore beaucoup d'autres.

— Laissez ça pour le moment, Arthur, vous devez tomber de fatigue. Je vais préparer du café chaud et un bon déjeuner.

— C'est pas de refus, chère Élise. Pendant ce temps-là, je vais faire disparaître les corps.

Ses yeux, en ce petit matin, étaient d'un gris brumeux, et je remarquai — ce n'était d'ailleurs pas la première fois —, que lorsqu'il regardait vers la gauche, sa prunelle droite ne se déplaçait pas toujours en même temps que la gauche. Cela ne durait qu'une fraction de seconde, c'était comme un clin d'œil, et ça lui donnait beaucoup de charme. (C'est ce qu'on appelle, je l'ai appris plus tard, avoir une coquetterie dans l'œil.) Par la suite, je la vis souvent, cette coquetterie, surtout dans les moments d'émotion, qu'ils fussent de tendresse ou de colère, de joie ou de déception. Ce matin-là, à mesure que le jour se levait, ses prunelles me parurent plutôt bleues que grises; oui, d'un bleu de lame, clair et brillant.

Ma mère, réveillée sans doute par le bruit de vaisselle remuée et l'arôme du café, apparut majestueusement à la porte de la chambre, drapée dans un peignoir à larges manches — Mme Chapdelaine, artiste des Soirées de Famille, en personne!

— Élise, dit-elle en essayant de prendre un air sévère, qu'est-ce que tu fais là, en déshabillé du matin, seule avec Arthur: c'est tout à fait inconvenant!

— Pas du tout, rétorqua Arthur avec sa petite coquetterie dans l'œil, au contraire, c'est tout à fait

charmant! Et vous aussi, madame, vous êtes charmante dans ce peignoir. Élise et vous, vous avez vraiment l'air de deux sœurs!

Que pouvait répondre à cela une femme dans la
quarantaine qui venait à peine de découvrir, par son
premier rôle au Monument National, qu'elle était restée presque jeune et qu'elle pouvait encore plaire?
Elle sourit avec grâce et vint s'asseoir à table sans
façon:

— Eh bien, déjeunons, voulez-vous? Puisque tout
le monde semble avoir faim.

J'avais ressenti comme un léger pincement au
cœur: il ne m'avait jamais fait de compliment comme
cela, à moi! Dans mon inexpérience, il ne me venait
pas à l'esprit qu'il faisait du charme à la mère afin de
se concilier ses bonnes grâces et d'obtenir ainsi la
fille, le petit malin! Tout en mangeant de bon appétit,
Arthur nous fit part de ses observations sur le com-
portement de nos intrus:

— J'ai dans l'idée que vos rats n'ont pas élu do-
micile dans la maison, du moins pas encore. C'est
une colonie vagabonde qui doit errer la nuit en quête
de nourriture. Il doit y avoir un trou, quelque part
dans le mur extérieur, qui débouche directement dehors; il faudrait le trouver.

On découvrit en effet, au bas du mur qui donnait
sur la cour, un orifice rond dissimulé derrière un petit
meuble. Albert émit l'opinion que les locataires pré-
cédents avaient dû installer, à cet endroit, leur glacière munie d'un tuyau de caoutchouc, lequel laissait
égoutter l'eau directement sous la galerie de la cour.

Nous étions loin des réfrigérateurs électriques

d'aujourd'hui! Chez nous, durant l'été, il fallait vider tous les soirs le récipient (le plat de la glacière) sous peine d'inondation le lendemain matin!

Pour en finir avec cette longue histoire de rats, disons que l'orifice fut colmaté. Puis, avec l'aide de quelques voisins, nous nous plaignîmes vigoureusement auprès des autorités municipales qui finirent par débarrasser le quartier de cette engeance. Il nous fut enfin possible de dormir la nuit. Notre mère, Victoria Chapdelaine, put alors voguer allègrement vers d'autres soucis.

J'avais en effet remarqué depuis un certain temps que maman était souvent songeuse: elle paraissait tracassée par quelque pensée secrète. Un soir, avant de nous endormir, je lui demandai ce qui n'allait pas. Elle m'apprit qu'elle se faisait du souci à cause de nous, les jeunes. Il y avait d'abord les garçons: mes frères et mon cousin Rodrigue. Elle avait découvert, en faisant leurs chambres, des bouteilles d'alcool à moitié vides et d'autres encore pleines. Elle craignait qu'ils aient un penchant trop fort pour la bouteille.

— Je n'aime pas ça du tout, ajouta-t-elle. Prendre un verre à l'occasion, je ne dis pas, mais j'ai peur qu'ils en prennent l'habitude. J'en dirai sûrement un mot à mes fils pour les mettre en garde contre les dangers de l'abus. Quant à Rodrigue, je n'ose pas lui en parler. Il faudra que je demande à Albert de lui passer le message.

Mais il y avait autre chose encore au sujet de Rodrigue: elle avait remarqué toute l'attention qu'il portait à Éva, attention à laquelle celle-ci ne semblait pas indifférente non plus. S'aimaient-ils d'amour? se demandait maman.

— Ils ne s'en rendent peut-être pas compte eux-mêmes, Éva surtout, elle est si jeune. Je ne voudrais pas qu'elle s'attache trop à lui s'il n'a pas d'intentions sérieuses à son égard. Il va falloir que je parle à Rodrigue à ce sujet: si elle avait encore ses parents, ce serait eux qui aborderaient la question mais, dans les circonstances, je me sens responsable, tu comprends? Surtout qu'ils habitent tous deux sous mon toit. Si Rodrigue ne songe pas au mariage, il faudrait qu'il cesse de tourner autour d'Éva.

Mais le bouquet, c'est à moi que maman le réservait. Non pas qu'elle eût quelque chose à me reprocher, seulement elle s'inquiétait pour mon avenir. Elle voulait savoir si mon cavalier «s'était prononcé sérieusement» (en d'autres termes s'il avait parlé de mariage). «Après tout, il a rompu avec Émilienne Jacques... C'est peut-être un homme volage...»

Arthur, volage? Je ne le croyais pas. Il est vrai qu'il ne m'avait jamais dit qu'il m'aimait, mais il le montrait par toutes sortes de petites attentions — évidemment, cela ne prouvait rien. Toutefois, il parlait souvent de son avenir et j'avais fortement l'impression que j'y étais mêlée... Du moins, je l'espérais. Est-ce que je l'aimais? Oui, mais pas de la même façon que mon premier amour. Éliodor, avec son charme et ses beaux vêtements, c'était comme un prince dans ma vie... Le Prince Albert d'Angleterre! Avec Arthur, je me sentais parfaitement à l'aise, et je voyais en lui un tas de qualités. Et puis je le trouvais aussi très attirant. Bref, je ne pouvais souffrir l'idée qu'il ne serait pas toujours dans ma vie.

— Oui, répondit maman, il faut dire qu'il est joliment dans notre vie à tous; il vient ici un peu trop souvent pour n'être qu'un camarade. Il faudrait quand même savoir à quoi s'en tenir.

J'assurai ma mère que je le saurais avant longtemps; que je trouverais bien le moyen de le faire parler d'ici la fin de l'année. Après tout, il y avait maintenant près d'un an que nous nous fréquentions.

* * *

Au début de ce mois d'octobre 1898, il avait fait d'abord exceptionnellement froid, puis le temps s'était radouci; c'était comme un nouvel été (l'été des Indiens); les arbres avaient pris toute leur splendeur automnale de pourpre et d'or. Arthur ne se lassait pas de les admirer. Un dimanche, il m'invita à faire une excursion en bateau.

Il faut préciser d'abord qu'il y avait en ce temps-là, entre Montréal et Longueuil, des bateaux traversiers à vapeur (on était loin du bac de Saint-Ours). Le service débutait dès la débâcle, au printemps, et se poursuivait jusqu'à l'automne. Lorsque la glace était formée sur le fleuve, la circulation se faisait en traîneaux sur le pont de glace.

En ce magnifique dimanche d'octobre, Arthur avait pensé qu'il serait agréable de nous promener en bateau d'une rive à l'autre, à plusieurs reprises. Histoire de pouvoir contempler, du milieu du fleuve, ces masses d'arbres feuillus d'une incomparable beauté.

Il m'avait confié qu'il rêvait de peindre, un jour, un paysage de ces automnes du Québec, uniques au monde, et que ce serait un chef-d'œuvre! Rien de moins! En attendant, il se saturait la vue et la mémoire de toute cette beauté presque irréelle, féérique. Ce tableau, bien qu'il en parlât souvent, il n'a jamais eu le temps de le peindre. Au fond, c'est peut-être mieux ainsi. Il en est des tableaux comme des voyages: les plus beaux sont ceux qu'on ne fait jamais...

Ce jour-là, serrés l'un contre l'autre sur le pont du bateau, bras dessus bras dessous, nous regardons de tous nos yeux cette symphonie de couleurs parfaitement orchestrées. Arthur me fait remarquer les tons éclatants des érables et des chênes; les arpèges et les trémolos des feuilles ambrées des bouleaux et des trembles, agitées par la brise; la note grave des sapins d'un vert sombre et le panache des pins presque noirs, tranchant sur la splendeur de l'ensemble sans en briser l'harmonie. Il parle sans quitter des yeux ce qu'il contemple, m'apprenant à bien regarder et à distinguer toute la gamme des nuances dans chacun des éléments du paysage. Les feuilles des cimes, que le froid a mordues les premières, sont couleur de sang, tandis que le rouge des branches basses a pris une tonalité plus légère; ici, des teintes de rouille et de bistre, là, des touches plus vives de vermillon, de feu, de pourpre ou de carmin; ou encore, des notes de cuivre chaud, de blond ardent, d'or ou de jonquille. Tout cela suivant l'essence et l'âge des arbres et, aussi, selon l'heure et l'intensité de la lumière...

Je ne perds aucune de ses paroles: c'est comme une musique d'accompagnement à tout ce qui s'offre à ma vue! Il me nomme toutes les couleurs, toutes les teintes et les demi-teintes de sa palette de peintre. Puis il se tait et pointe du doigt le Mont-Royal qui flamboie lui aussi au-dessus de la ville. Dieu, que cela est beau! C'est à cause de cet homme que j'appris à aimer nos automnes et que je pus, plus tard, connaître et apprécier la peinture. Ce dimanche-là, dans mon enthousiasme, je serre très fort le bras d'Arthur et il pose un baiser sur mon front.

— Merci, mon ange, dit-il.

Comme nous sommes sur le point d'accoster du côté de Montréal, nous décidons d'un commun accord de «reprendre pied sur la terre» et de marcher pour rentrer à la maison. La grisaille des rues a tôt fait de nous dégriser de notre envolée poétique et romanesque, tandis que nous allons d'un pas vif, parfaitement accordé, en causant de choses et d'autres. Nous parlons de la pièce que nous sommes en train de répéter pour l'ouverture des Soirées de Famille, fixée au 13 novembre, dans moins d'un mois! Serons-nous prêts à temps? Puis la conversation tombe sur un couple d'amis qui doivent se marier bientôt. Je lance tout à trac une phrase, dictée sans doute par mon subconscient, une phrase que je n'avais pas préparée:

— J'espère qu'ils seront heureux, mais je ne les envie pas du tout, vous savez. Moi, je ne veux pas me marier avant d'avoir au moins vingt-quatre ou vingt-cinq ans.

«Menteuse», me souffla ma petite voix intérieure, tandis qu'Arthur ralentissait son allure et s'exclamait:

— Comment, Élise? Pourquoi ça?

— Parce que... parce que... je suis heureuse comme je suis, en ce moment: j'aime le théâtre passionnément et j'espère pouvoir en faire durant plusieurs années encore. Et puis, j'ai beaucoup d'amis que j'aime bien; nous faisons de la musique, la vie est belle, quoi!

Cette fois, Arthur s'arrête tout à fait et ses yeux gris acier, dont l'œil droit a, plus que jamais, sa petite lueur fuyante, se plantent droit dans les miens:

— Mais, Élise, je ne pourrai jamais attendre tout ce temps-là!

Je fais mine de ne pas comprendre ce qu'il veut dire, tandis que la petite voix me chuchote: «Hypocrite!» Mais ça m'est bien égal: le beau poisson a mordu à l'hameçon, il ne reste plus qu'à le ferrer!

Arthur reprend très vite, un peu essoufflé:

— Mais voyons, je t'aime, ma chérie, je t'aime comme un fou! Je veux que tu sois ma femme, et pas dans cinq ou six ans!

Enfin! Le mot était lâché! Mais, malicieusement, je dis encore:

— Vous me prenez par surprise, Arthur: vous ne m'en aviez jamais parlé!

Alors il m'explique que, dès notre première rencontre, il a pensé: «C'est cette femme-là qui sera la mienne, ou je ne me marierai jamais.» S'il n'avait rien dit au début de nos fréquentations, c'est qu'il avait peur d'un refus. Plus tard, lorsqu'il avait commencé à croire que mes sentiments répondaient aux siens, il avait été souvent sur le point de faire la grande demande, mais certaines circonstances dans sa vie professionnelle et familiale l'en avaient empêché. Circonstances qu'il ne voulut pas me révéler tout de suite.

Arthur s'arrête de marcher; nous sommes presque arrivés à la maison.

— Je vous raconterai tout ça bientôt, Élise. Avez-vous confiance en moi?

Bien sûr que j'ai confiance. Je veux, de toutes mes forces, avoir confiance! Mais mon amoureux ne me laisse pas le temps de répondre:

— Dis-moi, Élise, que je ne me suis pas trompé. Dis-moi que tu m'aimes aussi, ma chérie, et que tu voudras être ma femme!

Je suis tout à coup effrayée de ce que j'ai déclenché. J'ai voulu savoir s'il désirait m'épouser. Eh bien, je suis fixée maintenant, mais j'ai peur. Tout en me dirigeant vers la maison, je dis que tout cela est trop soudain et que j'ai besoin d'un peu de réflexion avant de lui donner ma réponse.

— Vous aussi, Arthur, pensez-y encore avant de vous engager, pour être bien certain que, cette fois, vous ne vous trompez pas. Et puis, nous en reparlerons.

Je relève ma jupe juste au-dessus de la cheville, d'un geste vif et gracieux, comme savaient le faire les dames en ce temps-là, et je grimpe les marches du perron en courant. Je me retourne en ouvrant la porte et, devant son air malheureux, je lance avant de la refermer:

— Je crois que je vous aime aussi...

En rentrant chez nous, je trouve Éva et Rodrigue

au salon avec les habitués du dimanche. Tout le monde me demande mes impressions sur cette balade sur le fleuve et s'étonne de l'absence d'Arthur, qu'on s'est accoutumé à voir toujours à mes côtés. J'invente je ne sais plus trop quelle histoire à propos d'un travail qu'il doit mettre au point, et je m'excuse de devoir me retirer «car le vent et le soleil m'ont donné mal à la tête». Je n'ai vraiment pas le goût de faire la conversation.

Dans la cuisine, maman est en train de se tirer les cartes, le plus sérieusement du monde. En passant près d'elle, je ne peux me contenir plus longtemps et éclate en sanglots.

— Mais qu'est-ce qu'il y a, Élise, ma petite fille? Qu'est-ce que c'est que ce gros chagrin? Tu es déçue de ton après-midi? Arthur t'a fait de la peine? Vous avez eu une dispute, c'est ça, je le savais! Les cartes me l'avaient prédit...

— Non, non, que je réponds en pleurant, je n'ai jamais fait d'excursion plus enrichissante. Arthur a été parfait et - et - il m'ai-ai-me.

— Ben, d'abord, qu'est-ce t'as à te lamenter?

Quand ma mère s'énervait, elle en oubliait, provisoirement, les leçons des bonnes sœurs et se mettait à parler comme les habitants de son village natal. C'est ainsi qu'un jour, me trouvant un peu pâle, elle s'était écriée sur un ton de colère: «Tu te couches ben trop târd, aussi! Si tu te vôyais: t'es varte, varte!» Cela me divertissait toujours quand elle employait ce langage et, une fois de plus, le rire succéda aux pleurs et je lui racontai tout ce qui s'était passé. J'avais un peu honte d'avoir poussé ce jeune homme à me dire ce qu'il n'était pas prêt à m'avouer. Je voulais tellement lui faire dire qu'il m'aimait! Or, je ne me sentais pas encore mûre pour le mariage. Bien sûr, j'avais exagéré en prétendant que je ne voulais pas me marier avant quatre ou cinq ans. Mais je n'étais pas prête, non plus, pour tout de suite.

— Qu'est-ce que je vais faire, maman, quand il va me demander ma réponse?

Elle me rassura. Mon cœur me dicterait bien, en temps et lieu, la décision à prendre. Cependant, autre chose la troublait: que voulait dire Arthur par ces ennuis «professionnels et familiaux»? Ça, c'était inquiétant!

Les jours passèrent; Arthur ne disait rien, ne demandait rien. Nous étions de plus en plus occupés avec nos répétitions de la pièce *Le Testament de César Girodot*. Le 13 novembre arriva, beaucoup trop tôt à notre gré. Tout marcha néanmoins comme sur des roulettes: la représentation «fut couronnée de succès», comme on disait dans les journaux. Les Soirées de Famille étaient tellement attendues qu'on joua ce soir-là à guichet fermé et Elzéar Roy décida, «à la demande générale», de garder la pièce à l'affiche pour la semaine suivante. Pendant ce temps, nous répétions *Simon le voleur, La Mendiante* et *Martyre,* dont j'allais créer le premier rôle, ainsi que *La Grammaire* qui devait suivre. Fort heureusement, cette dernière pièce n'était qu'un lever de rideau, donc en un acte seulement. J'ai dit: heureusement, car je commençais vraiment à être crevée. Malgré tout, le théâtre continuait à nous apporter beaucoup de joie, surtout à maman et à Rodrigue... Moi j'avais, pour l'heure, autre chose en tête.

Maman aussi éprouvait bien un peu de fatigue mais, d'un autre côté, elle se sentait allégée, ses inquiétudes ayant été en partie dissipées. Elle avait en effet réussi à faire entendre son message à Rodrigue, ainsi qu'à ses fils. Mon cousin lui avait avoué sans ambages qu'il aimait Éva et projetait de l'épouser, dès ses études achevées. Notre petite Éva, de son côté, l'aimait aussi et était disposée à l'attendre le temps qu'il faudrait. Quant à mes frères, gourmandés par notre mère — qui leur rappela la triste histoire de l'oncle Aldéric, dont l'alcoolisme avait failli lui coûter la vue —, ils firent disparaître les bouteilles de leur chambre et promirent de ne jamais boire immodérément. Et maman les crut. Elle était ainsi faite, ma mère: elle croyait toujours, dans sa naïveté naturelle, sa profonde sincérité, tout ce qu'on lui disait. Enfin, ces deux problèmes réglés, du moins à ses yeux, elle se sentit soulagée d'un grand poids. Restait toutefois le mien, mon problème, et il était d'importance.

Ce ne fut pas avant la mi-décembre qu'Arthur, enfin, se décida à parler. Il profita d'un moment où nous étions seuls avec maman pour nous apprendre qu'il mettait fin à son association avec son frère Ovide. Depuis plusieurs mois déjà les choses se gâtaient entre eux. Ovide se prenait un peu trop pour l'unique patron et donnait des ordres à son frère, comme s'il se fût agi d'un simple employé. Mais dissoudre une société n'est pas chose facile. Ils s'étaient mis d'accord pour attendre la fin de l'année, de façon à diviser les parts au mieux des intérêts de chacun. Arthur voulait monter sa propre entreprise, aidé en cela par l'expérience acquise et les relations qu'il s'était faites. Seulement, cela prendrait une mise de fonds assez considérable pour mettre cette affaire sur pied: les outils, le matériel, tout le fourbi. Il avait d'ores et déjà trouvé un local convenable pour y installer sa boutique, sur Saint-Laurent, près de Craig, le centre commercial par excellence en ce temps-là. Mais les débuts seraient peut-être difficiles. N'empêche qu'il ne doutait pas de réussir: après tout, dans son association avec Ovide, c'était lui, Arthur, qui fournissait les idées et les exécutait. Les clients satisfaits ne manqueraient pas de le suivre.

Après cet exposé, Arthur se tait et son regard, allant de l'une à l'autre, cherche l'approbation dont il a besoin pour continuer. Maman fait oui, oui de la tête; moi je me contente de sourire, me disant que mes yeux doivent le rassurer. Il finit de boire le verre d'eau qu'il m'avait demandé pour se donner une contenance, puis reprend la parole, un ton plus bas que son timbre ordinaire:

— Évidemment, il faudra attendre de voir comment vont les choses avant de penser au mariage. Mais j'ai bien confiance, ça ne devrait pas tarder trop, trop. Si Élise est d'accord, ça pourrait se faire l'été prochain. Qu'est-ce que vous en dites?

Maman ne répond pas et me regarde. Je crois que je vais suffoquer. J'ai eu tellement peur qu'il ait changé d'idée durant la période de réflexion que j'avais moi-même exigée! Je dis pourtant d'une voix où l'anxiété doit s'entendre:

— Êtes-vous bien sûr, Arthur, que vous voulez vous marier avec moi?

Il se met à rire et s'écrie:

— Je n'ai jamais été plus sûr de toute ma vie! Mais c'est plutôt à vous, Élise, que je devrais poser la question... Vous m'avez fait une sacrée peur avec vos quatre ou cinq ans d'attente!

Je ris aussi, un peu nerveusement, tandis que maman se lève et se dirige vers la porte en déclarant qu'elle a à faire dans la cuisine et qu'elle nous laisse deux minutes pour... sceller notre entente. Je ne comprends rien à ce qu'elle veut dire mais Arthur, lui, ne perd pas de temps: deux minutes, ce n'est pas long! Il se lève et vient vers moi en me tendant les mains pour que je me lève à mon tour; puis il m'enlace et m'embrasse, comme on le fait au théâtre dans les scènes d'amour, sauf que, cette fois, c'est un vrai baiser sur les lèvres, pas un faux-semblant dans le vide, comme on apprenait à le faire pour nos spectacles...

C'est comme ça que je me suis fiancée.

* * *

Ce projet de mariage ne dérangea pas immédiatement nos activités théâtrales. Les membres de la famille et nos amis les plus intimes furent priés de garder le secret, car nous ne voulions pas ébruiter nos fiançailles avant que la date du mariage ne fût choisie. Toutefois, il fallait bien mettre notre directeur au courant de notre décision, d'autant plus que je ne pouvais accepter d'autres rôles, car je désirais quitter

181

à la fin de l'année: j'avais à m'occuper de mon trousseau, sans laisser mon travail au Bell, du moins pas pour le moment.

Elzéar Roy se montra très compréhensif; cette nouvelle contrariait pourtant tous ses plans. Il exprima l'espoir que je reviendrais après notre mariage. Cette perspective m'enchanta. Il fut donc entendu que je n'apparaîtrais que dans *Simon le voleur, Martyre* — qui fut peut-être mon meilleur rôle — et *La Grammaire*. Tout cela nous mena au début de janvier. Le directeur, cependant, avait aussi une surprise pour maman: en récompense de son excellent travail non rémunéré, l'Association Saint-Jean-Baptiste lui accordait le privilège d'une représentation supplémentaire, une soirée bénéfice, sur la scène du Monument; ce soir-là, elle toucherait le bénéfice entier des recettes. On fixa la date au 10 janvier et, comme je savais déjà mon rôle dans *La Mendiante*, ce fut cette pièce que l'on choisit. Ce bénéfice, sans être considérable, allait nous aider beaucoup pour les dépenses auxquelles nous aurions à faire face. De plus, Elzéar Roy nous promit que, dans ses communiqués de presse, il ne serait pas fait mention de notre mariage éventuel. Et il tint parole.

Extrait d'un article de Gustave Comte
publié en première page de la revue *Le Passe-temps,*
en date du 7 janvier 1899.

SILHOUETTES ARTISTIQUES
Mlle Élise Chapdelaine

Dites-moi, chers lecteurs, n'est-elle pas assez gen- tille la première amou- reuse *des Soirées de Fa- mille, au Monument Na- tional? N'a-t-elle pas con- quis à l'avance toute votre bienveillance et votre ad- miration? N'a-t-elle pas été chercher au fond de votre cœur, dans le cours de ses interprétations, un sentiment bien doux et bien tendre oublié là, ou non encore mûri, pour le faire éclore en votre âme? Ses personnifica- tions de l'amour n'ont-elles pas pris à vos yeux un caractère abstrait, apte à s'appliquer sur des figures connues, à des souvenirs à demi ef- facés ou à des rêves à peine entrevus? Elle est naturellement simple, vive, primesautière, de là son naturel, son genre propre, son cachet. Elle n'exagère aucun rôle; sa modestie les lui fait dire tout simplement comme elle les res- sent dans sa jeune âme, car elle est très jeune et débute dans la carrière.*

Voyez son portrait. Sa tête légèrement incli-
née et ses deux yeux très noirs — dont elle
semble ignorer la puissance fascinatrice —
inquiets et curieux, plutôt curieux qu'in-
quiets. Curieux de savoir, de connaître à
l'avance l'impression du public sur l'en-
semble de la représentation, et inquiets
parce que, dans son inexpérience, Mlle
Chapdelaine craint de ne pas se conformer
aux règles du théâtre et de la tradition.
Nous savons cependant tout l'encourage-
ment que lui a donné le public dans ses di-
verses créations. Elle a créé Paulette, dans
Martyre, *et l'on sait avec combien de vérité.*
Le Testament de César Girodot, Simon le
voleur, La Grammaire, *etc. lui ont fourni*
l'occasion de nous faire apprécier la diver-
sité de son talent.
Mais voilà que pour s'être trop prodiguée,
pour avoir pris trop à cœur sa nouvelle car-
rière, elle s'est fatiguée et que la prudence
l'oblige à prendre un repos de quelques mois.
La soirée du 10 janvier, au bénéfice de Mme
Chapdelaine, sera pour Mlle Élise (dans La
Mendiante *d'Anicet Bourgeois) une soirée*
d'adieu à la scène, momentanément du
moins. Souhaitons-lui un prompt rétablisse-
ment et des succès toujours grandissants
pour la prochaine saison.

GUSTAVE COMTE.

184

Chapitre X

RODRIGUE DÉCOUVRE QU'AU THÉÂTRE TOUT N'EST PAS ROSE! — PRÉPARATIFS DE MARIAGE — LA BAGUE ET LE PORTRAIT: DEUX DÉCEPTIONS — ON FÊTE ÉLISE AU MONUMENT NATIONAL ET ARTHUR ENTERRE SA VIE DE GARÇON.

Le Premier de l'an 1899 avait été très mouvementé: nous avions reçu encore plus de visiteurs que les années précédentes. Nous étions maintenant des figures en vue dans la société canadienne-française. Bon nombre de gens venaient nous saluer et nous féliciter, en coulisses, après les représentations, et le groupe des amis du dimanche grossissait sans cesse. C'est ainsi que je fis la connaissance d'Edmond Paquette, Eddy, un chic garçon que je présentai peu après à la sœur de mon fiancé, Alice Denis. Ils s'épousèrent l'année suivante. Maman était toujours très entourée et elle me confia, un jour, qu'elle avait dû éconduire plus d'un galant. C'est qu'elle avait beaucoup de charme, je le voyais bien. À quarante-sept ans, elle était bien en chair et fraîche comme une rose. Dans ses costumes d'époque ou en robe du soir, en grand décolleté, elle montrait des épaules magnifiques, pour ne parler que de cela. De plus, elle était très gaie et agréable en société et, comme elle était veuve — «La Veuve Joyeuse» —, les hommes osaient badiner avec elle de façon quelque peu hardie, ce qu'ils ne se seraient jamais permis avec nous, les jeunes filles.

Durant la période des Fêtes, je fus invitée chez

les parents d'Arthur pour connaître sa famille. C'est toujours extrêmement gênant pour une jeune fille de rencontrer ses futurs beaux-parents. Je me sentais fort intimidée. Mme Denis était une femme très simple et peu communicative. Elle me reçut, néanmoins, avec affabilité et je me sentis plus à l'aise. Son mari, bel homme aux cheveux quelque peu grisonnants, me plut tout de suite. Peut-être parce que je n'avais plus mon père? Ou parce qu'il était le père de l'homme que j'aimais et que son fils lui ressemblait? Je ne sais pourquoi au juste, mais j'éprouvai une grande sympathie pour cet homme à l'air si avenant.

Je connaissais déjà Alice, l'aînée des filles, qui était devenue une amie. On me présenta Ernestine, dix-huit ans, qui écoutait toujours son aînée avec la plus grande admiration et endossait toutes ses opinions. C'était Ernestine qui secondait sa mère à la maison. Elle ne s'est jamais mariée et a toujours aidé les siens avec le plus grand dévouement. On disait qu'elle avait déjà eu un amoureux, un jeune Anglais protestant, que M. Denis avait éconduit à cause de sa religion. Il y avait aussi Emma et Henri, âgés respectivement de seize et de quinze ans. Chère petite Emma, douce et effacée, morte si jeune après un mariage si malheureux! Je l'ai beaucoup aimée, cette petite belle-sœur, et beaucoup aidée jusqu'à la fin de sa vie. Ovide, Ernest et sa jeune femme Corinne n'étaient pas présents ce soir-là. Je ne fis donc leur connaissance que plus tard.

Le souper fut très agréable, mais c'était surtout Alice, Arthur et moi qui faisions les frais de la conversation. Je me sentais observée par tout le monde mais, comme à la scène, mon trac disparut assez rapidement. Je me comportai de mon mieux et, je pense, avec aisance. De toute façon, Arthur paraissait très fier de moi et très heureux lorsqu'il me ramena chez nous. Après un chaste baiser de fiancé, devant ma porte, et un «à demain, je t'adore!», il me quitta.

Je trouvai au salon, en rentrant, toute la maisonnée dans la plus bruyante gaieté. C'était notre Rodrigue qui faisait le bouffon au milieu de la pièce. Il était en train de décrire, avec force détails, la répétition qui venait d'avoir lieu au Monument pour le prochain spectacle dont il faisait partie, *Les Boulinard,* je crois. C'était une comédie, et il se trouvait que Rodrigue avait plusieurs scènes à jouer avec une jeune fille du cours d'élocution, qui débutait sur les planches. Elle avait assez de talent, semble-t-il, mais elle était affligée d'un grave inconvénient: elle transpirait énormément! Et, comme elle était plus grande que Rodrigue, ses aisselles arrivaient à peu près à la hauteur du nez de mon cousin. À mon arrivée, celui-ci était en train de parodier l'une de ces scènes, en jouant les deux rôles; il gesticulait, les bras en l'air, comme la jeune actrice et, changeant de côté, il faisait aussitôt sa mimique, à lui. Ses grimaces étaient à mourir de rire, tandis qu'il s'éventait avec son mouchoir! Naturellement il exagérait beaucoup, jusqu'à prétendre qu'il avait demandé au directeur de lui permettre de se mettre du coton dans le nez afin, prétendait-il, de rendre son rôle encore plus comique en parlant du nez. Mais Elzéar Roy n'était pas de son avis et le pauvre Rodrigue se lamentait en nous suppliant de trouver un remède à ce triste état de choses. Maman affirma qu'un bon lavage au savon ferait l'affaire. Oui, mais qui le lui dirait, à elle? En désespoir de cause, notre Rodrigue monta se coucher en déclarant, la main sur le cœur:

— Quand on a la passion du théâtre, il faut être prêt à tous les sacrifices! J'endurerai donc, jusqu'au bout, mon martyre!

***

Les semaines qui suivirent se bousculèrent avec une rapidité époustouflante. À tel point que j'ai l'impression d'en avoir passé des bouts. Arthur s'affairait à mettre sur pied son entreprise, et la chance le favorisa. Son meilleur apprenti vint lui demander de le prendre avec lui. C'était un homme de confiance pouvant parfaitement le seconder. On aménagea la boutique au 274 rue Saint-Laurent et les affaires se mirent en marche, bien qu'à vrai dire assez lentement au début. Par chance, Arthur décrocha un bon contrat pour exécuter, au printemps, des annonces publicitaires sur deux ou trois murs dans la ville de Québec.

Mon futur me proposa donc de faire célébrer notre mariage en avril et de partir ensuite pour Québec, tous les deux. L'idée me souriait, car je ne connaissais pas cette ville. Mais cela voulait dire un délai de trois mois seulement avant de nous marier. Maman, encore une fois, trouva la solution. Pourquoi, au lieu de chercher un logement dès maintenant, acheter des meubles et tout, pourquoi ne pas attendre notre retour et habiter quelque temps avec elle, rue Lagauchetière, en attendant de trouver ce qui nous conviendrait? Il ne me resterait plus qu'à me préparer au grand événement et à m'occuper de mon trousseau. Je confiai ce soin aux Sœurs Grises, qui avaient la réputation de travailler comme des fées. Et c'était vrai. Tout fut fait à la main et à la perfection: plusieurs pantalons, cache-corsets, jupons ornés de dentelle et de passe-rubans, et la sous-jupe de flanelle brodée de festons. Cela me rappelait ma première communion, car la mode pour les dessous féminins n'avait guère changé depuis ce temps-là. Les religieuses me firent aussi une très belle blouse ornée de dentelle Cluny et... la robe de nuit de mes noces! En coton très fin, avec empiècement à petits plis devant et derrière, manches très longues à volants, encolure carrée, assez haute, fermée par un ruban. Les petits plis de l'empiècement étaient piqués à la main, comme tout le reste, et finissaient en nid d'abeilles à la naissance de la poitrine, laissant, de là, flotter toute l'ampleur du tissu jusqu'à terre. Je ne mens pas: si on avait attaché un cerceau au bas du vêtement et fixé un pieu au centre, on aurait pu avoir une tente de campement pour l'été! Pas besoin de dire que mon époux ne me laissa pas longtemps porter cette belle robe de nuit... C'était un beau trousseau que nos revenus modestes ne nous auraient pas permis sans la soirée bénéfice. Quant à la robe de nuit, elle finit très bien en petits vêtements pour mon premier bébé.

Avec toutes mes occupations, le temps passait. J'atteignis ma majorité le 30 janvier. Heureusement que je devais me marier très bientôt, car je me serais crue vieille fille! Nous nous voyions un peu moins souvent, Arthur et moi, pris comme nous l'étions chacun de notre côté, même le soir. Mais nous nous parlions tous les jours, car j'avais le standard de l'échange Main, au Bell. Tous les matins, quand j'étais en poste, je guettais le petit feu rouge du numéro de sa boutique, le 4 4 1 5, et je le branchais aussitôt:

— *What number, please?* Quel numéro demandez-vous?

Et j'entendais la belle voix câline du monsieur, au bout du fil, me répondre des petites folies, comme:

— Je ne demande rien, pour le moment: je l'ai, le bon numéro!...

L'entreprise d'Arthur prend forme.

Nous échangions alors, à bâtons rompus, quelques propos insignifiants, comme tous les amoureux. Nos conversations étaient brèves, à cause de la surveillante qui circulait sans cesse dans le dos des téléphonistes. Mais ces petits bonjours matinaux ensoleillaient mes journées. Un de ces matins, toutefois, Arthur me dit quelque chose de beaucoup plus important. Il m'apprit que, pour concrétiser nos fiançailles, il avait acheté une bague qu'il me destinait. Il souhaitait aussi que nous échangions nos photographies. Le dimanche suivant, il se présenta pour souper et, dès son entrée au salon, il me prit la main et me glissa au doigt l'anneau conventionnel. Quelle déception, que je ne parvins guère à cacher complètement! Le diamant était petit, enchâssé dans un mince anneau d'or. Mon fiancé m'expliqua que ses moyens actuels ne lui permettaient pas de faire mieux. Je le compris très bien, mais quand j'appris que c'était Ovide qui avait choisi cette bague, je ne pus m'empêcher de penser qu'Arthur aurait pu faire un meilleur choix, tout seul, même si, paraît-il, la pierre était de très belle eau. Enfin, passons… Puis vint le portrait qu'il me présenta. Nouvelle déception: c'était le même qui ornait le piano d'Émilienne lorsque j'étais allée chez elle! Je ne dévoilai pas le fond de ma pensée, mais dis seulement:

— Écoute, Arthur, cette photographie n'est-elle pas un peu ancienne?

— C'est vrai qu'elle date de quatre ans, environ, mais je la trouve très bien, pas toi?

— Non, je t'aime mieux comme tu es maintenant. Et puis, moi, je n'ai pas de bon portrait à t'offrir.

Que dirais-tu d'aller chez le photographe ensemble, et d'avoir des portraits actuels à échanger? Ce serait un vrai souvenir de nos fiançailles, ne crois-tu pas?

Ce qui fut fait quelques jours plus tard, par le photographe de renom J. A. Dumas, le photographe en vogue de ce temps-là. En tout cas, j'avais gagné mon point. Ce que femme veut... C'est bien simple, je n'aurais jamais pu regarder l'ancienne photo sans penser que j'avais volé le fiancé d'Émilienne! En parlant d'Émilienne, cela me ramène à Éva Dagenais. Nous nous étions une peu perdues de vue depuis quelque temps, par la force des choses, mais nous nous parlions au téléphone assez souvent. Elle se réjouissait de mon union prochaine avec un homme qu'elle avait toujours admiré, et nous nous promettions de nous voir plus souvent après mon mariage.

Les fiançailles étaient donc maintenant officielles. Maman invita M. et Mme Denis à dîner pour faire plus ample connaissance et arrêter une date en avril pour le grand jour des noces. Nous tombâmes d'accord pour le 18, un mardi. Ce serait, bien entendu, un mariage fort simple, «dans la plus stricte intimité», comme disent les journaux. La cérémonie serait suivie d'un déjeuner à la maison pour les parents et un nombre restreint d'amis des deux familles.

Durant ce temps, et pendant les mois de février et de mars, les Soirées de Famille continuèrent sans moi et, le plus souvent, sans maman, mais les habitués de nos représentations parlaient de nous et réclamaient notre présence. Arthur n'avait pas le temps, lui non plus, d'apprendre de nouveaux rôles, mais je me souviens qu'il prêta son concours, une ou deux fois, pour chanter durant les entractes. Les changements de décors étaient compliqués et prenaient du temps: il n'y avait pas, comme aujourd'hui, toute cette machinerie, plaques tournantes et le reste; et puis, les intérieurs qu'on représentait étaient toujours encombrés de meubles énormes, de lampes, de divans, de plantes d'appartement, à la mode d'alors. De sorte que les accessoiristes avaient fort à faire et, pour permettre aux spectateurs de conserver leur patience, on présentait de nombreux artistes: chanteurs et chanteuses, pianistes ou violonistes, ou encore des poètes, qui disaient eux-mêmes leurs vers.

Donc, les Soirées de Famille continuaient, et Rodrigue continuait, lui aussi, de plus belle. Il était de toutes les comédies, où il tenait les rôles de composition, dans lesquels il excellait. Il menait de front le théâtre et ses études universitaires; je ne sais vraiment pas comment il pouvait tenir le coup. Heureusement qu'il n'avait pas, en plus, à se déplacer pour aller courtiser sa bien-aimée les bons soirs, c'est-à-dire les mardis, jeudis et dimanches: Éva et lui se voyaient tous les jours, au moins à l'heure des repas. Et puis, elle lui faisait aussi répéter ses rôles, et même le Code civil qu'il devait apprendre par cœur, comme nous avions appris notre petit catéchisme.

Sur ces entrefaites, Elzéar Roy me proposa un rôle pour la soirée du 6 avril, parce que le public, paraît-il, souhaitait m'applaudir encore une fois avant mon mariage. Je refusai, naturellement, à cause de mes trop nombreuses occupations du moment. Il s'adressa alors à maman et la pressa de me faire changer d'idée. Les directeurs, dit-il, tenaient à me fêter publiquement au cours de la représentation. Comme ce n'était qu'un lever de rideau, je me laissai convaincre et j'acceptai le rôle proposé. D'autant plus qu'il me faisait plaisir de paraître sur scène une dernière fois alors que j'étais encore Mlle Chapdelaine.

Il me fallut donc me remettre à l'étude, mais mon esprit, distrait par tant d'autres pensées, ne pouvait guère absorber le texte. Ce fut Éva qui se dévoua pour me faire répéter. Comme nous répétions habituellement assez tard dans la nuit, ma pauvre Éva bâillait parfois à se décrocher la mâchoire et moi, c'est à grand'peine que je parvenais à garder mes yeux ouverts. N'importe, je finis tout de même par me farcir la mémoire de tous ces mots. Restait encore à travailler mon interprétation, si je voulais continuer de passer pour «une artiste pleine de charme, de vivacité et de naturel» (hum!... ce n'est pas moi qui ai dit ça). À la répétition générale, le directeur se montra satisfait.

— Élise, dit-il, je crois que c'est l'amour qui te donne autant de talent!

Cela ne me nuisait sûrement pas...

Extrait de *La Presse* du 1er avril 1899
SOIRÉES DE FAMILLE

Jeudi, le 6 avril

La prochaine Soirée de Famille au Monument National sera doublement intéressante, car on y entendra la jolie comédie La Poudre aux yeux *précédée d'un charmant lever de rideau:* La Lettre chargée, *et surtout on aura l'occasion d'applaudir Mlle Chapdelaine qui, à la demande des directeurs de l'Association Saint-Jean-Baptiste, a bien voulu apparaître encore une fois sur la scène avant son prochain mariage. On dit même que MM. les directeurs, voulant reconnaître publiquement le talent et le précieux concours de cette charmante artiste, ont résolu de lui faire une démonstration pendant la soirée de jeudi.*

Les meilleurs artistes de la troupe ont tenu à figurer au programme pour cette jolie fête et on sera certain de passer une soirée des plus agréables.

M. Alexandre Silvio, universellement connu aux États-Unis et même à Paris, étant actuellement dans sa famille, à Montréal, a bien voulu prendre part à cette démonstration. Il chantera, pendant l'un des entr'actes, une des chansons favorites d'Albert Chevalier; les journaux des États-Unis, qui le surnomment The French Chevalier, *en font de grands éloges. L'orchestre Hébert au complet exécutera un brillant programme musical.*

Cette soirée du 6 avril reste mémorable pour moi. Lorsque je vins saluer, après la pièce, avec Arthur à mes côtés me tenant par la main, ce fut un tonnerre d'applaudissements! Bien sûr, je n'ai jamais pensé que l'excellence de notre spectacle nous avait valu une telle ovation. C'était le couple touchant de jeunes amoureux, dont on venait d'annoncer le prochain mariage, que le public acclamait. Étrange, combien la vue d'un amour authentique peut soulever d'enthousiasme le cœur des humains… Une semaine plus tard, le samedi 15 avril, on fêtait Arthur, entre hommes, dans un restaurant de la rue Saint-Jacques.

Compte rendu de *La Presse* du 17 avril 1899

CARNET MONDAIN

Réunion des plus intimes samedi soir, dans la salle du Grand Vatel, rue Saint-Jacques, à l'occasion du prochain mariage de M. Arthur Denis, peintre d'enseignes de la rue Saint-Laurent. Une adresse a été lue au héros de la fête qui a ensuite reçu comme gage d'estime un magnifique cadeau.
M. Denis, dans des termes choisis, a remercié l'assistance, puis la soirée s'est passée au milieu du plus vif entrain. Il y eut chants, musique, déclamations, discours, etc.

M. Denis épouse demain matin Mlle Élise
Chapdelaine, la sympathique artiste qui
s'est si bien distinguée dans les Soirées de
Famille, au Monument National.

Rien de comparable, comme on peut le voir, aux enterrements de vie de garçon d'aujourd'hui. Les hommes devaient bien se raconter quelques histoires lestes, en prenant un verre, mais c'était tout.

On remit au futur marié, à cette occasion, une bourse de cinquante dollars. À l'époque, c'était une somme importante. On trouvera peut-être quelque intérêt à lire le texte de l'adresse qui accompagnait la présentation de ce cadeau. Ne serait-ce que pour apprécier les sentiments et le style oratoire de cette fin de siècle:

À M. Arthur Denis,

Nous saisissons avec empressement l'occa-
sion de votre prochain mariage pour vous
présenter nos vœux de bonheur. Cet événe-
ment qui fait tant époque dans la vie d'un
jeune homme s'annonce sous les plus riants
auspices parce qu'il nous semble qu'en fai-
sant votre choix vous avez eu en mémoire ce
conseil d'un profond penseur: «Choisis ton
serviteur entre cent, ton ami entre mille, ta
femme entre dix mille parce que tu es ap-
pelé souvent à vivre toute ta vie avec ces

trois personnages.» Les qualités aussi nombreuses que précieuses de celle à qui vous avez juré un amour qui n'aura de terme que votre vie nous prouvent que vous avez un goût délicat et que vous possédez un cœur apte à apprécier le véritable mérite.

Nous souhaitons ardemment que chaque heure qui s'écoulera de votre nouvelle vie soit une heure toute de soleil, de cette ineffable joie que nous envions, nous, pauvres célibataires, et que nous voudrions savourer dans un avenir rapproché. En effet, la vie de famille nous ménage des consolations, des moments heureux qu'on ne peut jamais trop apprécier.

En lisant l'histoire, on voit que l'immortel Napoléon disait que l'événement dont il aimait le plus à se rappeler le souvenir était sa brillante campagne d'Austerlitz. Mais pour vous comme pour nous, à qui la Providence n'a pas confié la mission de vous couvrir de gloire sur le champ d'honneur, il nous semble que la mémoire d'un jour qui doit faire rayonner sur votre front une joie sans mélange, c'est bien celui où vous jurez une constante protection, un éternel amour à cette digne jeune fille que vous avez choisie pour affronter avec vous les rudes batailles de la vie.

Veuillez accepter en terminant ce cadeau que nous vous offrons avec tout notre cœur en vous priant de transmettre nos vœux de bonheur à votre aimable fiancée.

Vos amis

Il est dommage que nous n'ayons pas le discours de remerciements d'Arthur. C'est qu'il n'avait pas écrit de texte, lui: il s'exprimait avec beaucoup de facilité en public. Étonnant, pour un homme qui n'avait pas fait de longues études.

La mode des *showers* pour la future mariée n'existait pas encore, je crois, mais à la soirée du 6 avril, au Monument National, on m'avait offert un joli album souvenir, en cuir repoussé, et j'avais reçu aussi beaucoup de fleurs. Nous avons également reçu de nombreux cadeaux de noces. Maman et Éva s'extasiaient devant tant de belles choses. Moi, je les ai surtout appréciées plus tard; sur le moment, je ne les voyais même pas.

Enfin, passé ces jours enfiévrés, arriva donc le matin du 18 avril, jour de notre mariage.

Chapitre XI

Ce matin du 18 avril 1899, je dois l'avouer, débuta dans le plus complet tohu-bohu. Tout d'abord nos toilettes, confectionnées à la maison par une couturière, avec l'aide de maman, n'avaient été prêtes qu'à la dernière minute. Éva était tout à fait mignonne en bleu, avec un grand chapeau genre capeline. Ma mère avait choisi un poult-de-soie gris acier, qui s'harmonisait à merveille avec ses cheveux grisonnants. Ma robe à moi était un deux-pièces: jupe de fin lainage vert feuille (avec une tournure par-derrière, sous la jupe) et corsage ajusté, brodé et perlé d'arabesques de différents tons de vert et de rose, soulignés de blanc et de noir. Ravissant! Ce qui l'était moins, c'était mon chapeau. Maman avait tenu à le faire elle-même. Il m'avait beaucoup déçue, mais je n'ai pas voulu le lui dire pour ne pas lui faire de peine.

Le mariage devait être célébré à huit heures, dans la bien belle petite chapelle du Sacré-Cœur, en l'église Saint-Jacques. Mais, comme je l'ai dit, la plus grande confusion régnait chez nous, ce matin-là. Nous devions partir tous ensemble: Albert, qui me servait de père, comme on disait, et moi dans l'une des voitures que nous avions commandées; maman, Toutou, Éva et Rodrigue dans l'autre. Mais rien ne fonctionnait, à la maison! Nous entendions les garçons se chamailler dans leur chambre: l'un avait perdu une bottine, l'autre ne trouvait pas sa chemise; Rodrigue s'était coupé au menton en se rasant... Pour nous, les femmes, c'était encore pire! Éva et maman avaient commencé par m'aider à m'habiller, mais cela les avait mises en retard pour leur propre toilette. Si bien qu'à l'heure où nous devions partir, personne n'était prêt, sauf moi. Je dus monter aider Albert, qui ne trouvait ses boutons de manchette nulle part, alors qu'ils lui crevaient les yeux, sur sa commode. Je redescendis aussi vite voir si ma mère et ma cousine étaient enfin prêtes. Mais non, elles n'avaient même pas encore enfilé leurs robes! Je perdis complètement les pédales... J'imaginais mon fiancé, déjà au pied de l'autel avec son père, s'impatientant de notre retard et quittant les lieux sans plus attendre. Les chevaux piaffaient devant notre porte, alors je criai à maman qu'Albert et moi, nous partions à l'instant:

— Dépêchez-vous, vous autres, et tâchez de nous rejoindre d'ici cinq minutes.

Et nous voilà partis. Ce que la route m'a paru longue! Pourtant, à vrai dire, c'était un trajet très court, mais là, vraiment, j'avais le trac. Enfin, nous arrivons. À mon grand désarroi, Arthur n'est pas là, ni M. Denis. Heureusement, on nous dit qu'ils nous attendent à la sacristie avec le curé, pour les signatures du registre. Je laisse échapper un soupir de soulagement!... Je pourrai prendre mon temps pour enlever mes gants, les remettre, rajuster mon chapeau et quelques mèches rebelles, et pour permettre au reste de la famille d'arriver pour la cérémonie. Je jette un coup d'œil à Arthur, en souriant. Il est radieux, quoique un peu pâle: il n'a pas cette coloration assez vive aux pommettes que je lui ai toujours connue, mais je le trouve néanmoins superbe dans son beau costume noir, à gilet à boutonnage croisé. Il porte un col à pointe, très haut sous le menton, une cravate blanche, fleur blanche à la boutonnière et un beau chapeau gris perle à la main. Je ne me serais probablement pas souvenue de tout cela si je n'avais sous les yeux les photographies que nous avons fait prendre à Ottawa, après notre mariage, et sur lesquelles Arthur porte encore ses vêtements de noces. Moi, je suis vêtue tout autrement.

De la cérémonie nuptiale, du vin d'honneur qui a suivi, des parents et amis qui nous entouraient je ne me rappelle rien, rien du tout. J'ai vécu tout cela comme en rêve... Oh oui, je me souviens d'une chose: c'est d'avoir vu pleurer maman...

Avant mon mariage, j'avais supplié ma mère à plusieurs reprises de m'expliquer ce qui allait se passer entre Arthur et moi durant notre lune de miel. On ne peut imaginer à quel point j'étais ignorante! Je savais qu'il fallait faire quelque chose ensemble, mais quoi? J'avais souvent entendu parler, du haut de la chaire, du devoir conjugal — afin d'avoir de la famille —, de la soumission, de l'obéissance que l'épouse doit à son mari. Mais qu'est-ce que cela voulait dire au juste? Ma pauvre mère n'a jamais voulu, ou n'a pas pu, m'éclairer un tant soit peu sur ce sujet. Tout ce qu'elle disait, c'était: «Ton mari t'expliquera, je suis bien tranquille, tu as un bon garçon, il sera gentil avec toi...» Et c'est ainsi que je partis pour Ottawa en voyage de noces, avec mon époux de quelques heures. Nous ne devions rester dans la capitale que trois jours, car il fallait revenir nous préparer à repartir, presque aussitôt, pour Québec, pour y poursuivre cette lune de miel.

À Ottawa, nous avions rendez-vous avec un couple de nos amis des soirées musicales, mariés quelques jours avant nous. Ils logeaient au même hôtel et nous nous y retrouvâmes dès notre arrivée pour dîner ensemble.

Après les compliments d'usage, ces messieurs nous quittèrent pour aller trinquer au bar avant le repas. En cette fin de siècle, il n'était pas question pour nous, les femmes, de prendre un verre, sauf un peu de vin. C'était tout ce que nous pouvions nous permettre. Comme j'étais de plus en plus tourmentée par la question fatidique, je ne pus m'empêcher, sitôt seule avec la jeune femme, de laisser échapper cette phrase:

— Vous avez bien de la chance, vous. Votre devoir conjugal est accompli. Vous pouvez être tranquille maintenant, pour un an.

Ma compagne n'avait pas l'air de très bien saisir ma pensée. Alors, j'insistai:

— Bien oui, cela prend environ un an pour avoir un bébé. Ensuite, sans doute, il faut recommencer...

Mon amie se met à rire:

— Eh bien, ma petite, si vous croyez cela, vous n'êtes pas au bout de vos surprises!

Elle non plus ne voulut pas m'en dire davantage. J'avais l'impression qu'elle me jugeait bien sotte et se moquait de moi. Oh, si ma mère avait donc consenti à me parler un peu!

Le repas terminé, nous quittâmes nos amis avec la même aménité qui avait présidé à notre rencontre. Sauf que la jeune femme arborait un petit air narquois et éminemment supérieur, mais ça m'était égal. Nous montâmes à notre chambre. Je tremblais comme une biche: mon Dieu, qu'il faisait froid dans cet hôtel! Mais là, je compris bien vite que ma mère avait raison.

Je ne veux pas dire qu'elle avait raison de ne pas répondre à mes questions insistantes sur les choses de l'amour, non. Mais, d'un autre côté, elle avait vu juste: j'avais épousé un homme gentil et doux, plein de tendresse et de respect pour mes sentiments. Nous parlâmes longtemps, longtemps, et je compris combien j'étais nigaude lorsque j'avais dit que «j'apprivoiserais ce bel oiseau». En fait, ce fut lui qui m'apprivoisa! C'est tout ce que je peux dire. Qu'on ne s'attende pas, surtout, à ce que je raconte ma nuit de noces en détail. Qu'on ne s'attende pas, non plus, à ce que je parle, dans le déroulement de mes souvenirs, de la vie intime que j'ai connue avec mon mari au long des vingt années où nous avons vécu ensemble. Ce sont là des choses que l'on doit garder strictement pour soi. C'est le mystère du couple. Que l'on sache seulement que, dans le cours ordinaire des jours, il suffisait parfois d'un sourire, d'un simple regard entre nous, et nous plongions ensemble au cœur de ce mystère unique qui était le nôtre...

Dès notre retour d'Ottawa, nous nous préparions donc à repartir pour Québec, pour ce qui devait être notre véritable lune de miel. Hélas, je n'ai pas gardé un trop bon souvenir de ce séjour, dans un décor enchanteur, pourtant, et avec un homme que j'aimais. C'est que mon mari était là pour travailler, il ne faut pas l'oublier. Il me quittait tôt le matin et rentrait souvent assez tard le soir. J'étais loin de ma famille, de mes amis, et je m'ennuyais affreusement. Nous logions dans un petit hôtel de la basse-ville, genre pension de famille. Arthur, heureusement, trouvait quand même le temps de venir manger avec moi le midi, mais il repartait bien vite, et les après-midi me paraissaient interminables. Je ne connaissais personne à Québec en ce temps-là, et notre pension, bien que très convenable à tous égards, n'était pas du tout l'endroit où je pouvais me faire des amies, de sorte que je vivais dans un ennui mortel toute la journée. C'est alors que je me suis mise à faire de la dentelle au crochet. Mary, notre bonne de Sorel, m'avait appris le point de la dentelle d'Irlande et, après plusieurs essais malheureux et beaucoup de patience, je finis par réussir de très jolis morceaux que je voulais conserver pour mes cadeaux du jour de l'An. De cette façon, tandis que mes doigts étaient occupés, ma pensée allait à chacune de celles à qui je destinais le fruit de mon travail, et cela me faisait chaud au cœur.

C'est durant ce séjour à Québec que nous eûmes notre première querelle d'amoureux. C'est-à-dire que c'est moi qui commençai la dispute, parce que j'avais aperçu Arthur qui, en passant devant la maison voisine, avait souri de toutes ses belles dents à une jeune femme accoudée à sa fenêtre. Il lui avait même lancé un clin d'œil en soulevant son chapeau! Un homme qui, pour ainsi dire, était encore en voyage de noces! Je me sentais bafouée, trompée, et cela me fit au cœur un pincement horrible. En un mot: j'étais jalouse. Dès son entrée, je servis à mon époux la grande scène du II, que j'aurais aussi bien pu emprunter au répertoire théâtral. Mes reproches dépassaient un peu la mesure. Arthur me regarda, d'un œil cette fois bleu de glace et, sans un mot, me souleva dans ses bras et me porta jusqu'à notre chambre. Là, la porte bien fermée, il me dit:

— Si c'est une crise de jalousie que tu me fais, il vaut mieux ne pas ameuter toute la maison. Et maintenant, je t'écoute.

Je lui débitai alors tout ce que j'avais sur le cœur. J'avais bien remarqué, chaque fois que nous sortions ensemble, qu'il lorgnait toutes les jolies Québécoises que nous croisions, et patati et patata. Et maintenant, il allait jusqu'à faire des avances aux dames du voisinage!

— C'est tout? Écoute, Élise. C'est vrai que je regarde les jolies femmes, mais il va falloir que tu t'y habitues, car je ne pourrai jamais m'empêcher d'apprécier la beauté. Des avances, dis-tu? Où as-tu la tête? C'était tout au plus un geste de courtoisie. Et j'étais de belle humeur et heureux de me retrouver bientôt avec toi, car c'est toi que j'aime, figure-toi.

Je me jetai dans ses bras, tout en pleurs: j'étais si malheureuse! Je ne pus, ce jour-là, descendre à la salle à manger: la tête me tournait et j'avais la nausée. J'avais tellement hâte de rentrer chez nous que j'en devenais malade!

Enfin, après deux longs mois qui me parurent des années, Arthur termina son travail et nous pûmes, heureusement, revenir à Montréal, le cœur en fête, tous les deux.

À notre arrivée rue Lagauchetière, nous fûmes surpris d'y trouver plusieurs changements. D'abord, Antoine et Lucien avaient quitté la maison. Aux dires de Rodrigue, Antoine n'avait pu tolérer l'idée de me voir mariée avec Arthur et filant le parfait bonheur. Il était donc parti se loger ailleurs et son ami Lucien l'avait suivi. Quoi qu'il en soit, maman en avait profité pour déménager ses pénates à l'étage et libérer ainsi la seule chambre du bas, où elle nous installa pour préserver notre intimité. C'était une bonne idée. Pourtant, Arthur, malgré cet excellent arrangement, ne se sentait pas à l'aise chez sa belle-mère, et il insista pour que je cherche le plus tôt possible un gîte où nous pourrions vivre seuls tous les deux, bien chez nous. Il avait retrouvé son atelier en bon état: son homme de confiance avait bien conduit l'affaire et plusieurs projets de contrats s'annonçaient. Il était donc en mesure de meubler convenablement notre nid d'amoureux. C'est dans le tronçon de la petite rue Berri, entre les rues Sherbrooke et Ontario, que nous avons trouvé ce logement où devait naître notre premier enfant, quelques mois plus tard. Dès l'instant où elle m'avait vue, à notre retour de Québec, maman avait deviné que j'étais enceinte, ce qui se confirma par la suite.

Ainsi donc, nous nous installâmes dans nos meubles pour poursuivre ma grossesse dans l'euphorie, malgré les nausées du matin. Mon mari, fou de joie, débordait de tendresse et de délicatesse à mon égard. C'est durant cette période surtout que nous avons appris à nous connaître. Nous connaissions déjà, par expérience, nos caractères réciproques qui s'affrontaient, se heurtaient. Par exemple, comme je l'ai déjà dit, mon mari était flirt, très galant envers les femmes, et moi j'étais ombrageuse, portée à la jalousie. Ces tendances pouvaient engendrer des conflits. Et puis, nous étions tous deux passablement orgueilleux, de sorte que nous n'aimions pas beaucoup céder, ni admettre nos torts. De plus, il était enclin à la bouderie, un défaut que je trouvais exécrable, et je craignais pour l'avenir.

C'est que mon beau-père, Jean-Baptiste Denis, un excellent homme par ailleurs, était terriblement boudeur. Lorsque sa femme ou sa fille Ernestine l'avaient contrarié, il quittait brusquement la maison sans dire un mot et s'en allait chez quelqu'un de la famille, où il était certain d'avoir une invitation à dîner ou à souper, ou les deux. Il est venu souvent chez nous, comme ça. Il repartait dans la soirée en nous demandant de ne pas le dire à sa femme, ni à sa fille. Il rentrait chez lui et se mettait au lit, sans adresser la parole à qui que ce soit; puis il repartait le lendemain, toujours muet, vers une autre destination. Cela durait parfois plusieurs jours. Sa femme ne s'en inquiétait guère. «Quand il aura fini son boudin, disait-elle, tout rentrera dans l'ordre.» Mais moi, je ne prenais pas la chose aussi à la légère, en ce qui concernait mon ménage. C'est pourquoi, lorsque nous avions des mots assez mordants, soit au sujet de nos familles respectives, soit pour toute autre raison, je mettais mon orgueil de côté et m'efforçais de parler la première à Arthur, coûte que coûte, tellement j'avais peur de le voir se renfrogner et partir tout à coup en claquant la porte. Mais cela ne s'est jamais produit.

Arthur faisait aussi des efforts pour maîtriser ses sautes d'humeur, de sorte que, malgré quelques petites anicroches, nous nous entendions à merveille. C'est étonnant comme nous avions les mêmes goûts. On dit que, dans la vie commune, c'est une des choses les plus importantes que de pouvoir partager ses loisirs. En dehors de nos heures de travail, lui à sa boutique ou à ses échafaudages, moi à la maison, nous avions à notre disposition, pour nous distraire, une foule de choses que nous aimions: le bricolage, les sports de plein air, et tous les jeux, compétitifs de préférence: les cartes, le parchési, les dames, les échecs. Nous avions appris ensemble à jouer aux échecs, et je dois dire que nous y sommes devenus l'un et l'autre assez forts. Plus tard, Arthur invita souvent des amis à la maison, et ils semblaient toujours étonnés et un peu déconfits de se faire battre aux échecs par une femme. Nous avions aussi inventé une partie de parchési compliquée, stratégique. En plus des pions habituels, chaque joueur possédait deux capitaines: des quilles plus grandes que les autres, qu'Arthur avait fait tourner par l'un de ses employés. Ces capitaines avaient droit de passage partout, avec pouvoir de renverser toutes les barrières, et faisaient obstacle, sur le parcours, à n'importe quel pion, sauf aux capitaines adverses. L'ambition nous prenait à ce jeu, avec un fol enthousiasme. Et comme, dans mon état, je ne sortais presque pas et ne recevais à peu près personne — une femme enceinte avait honte de se montrer —, nous avons fait de bien joyeuses parties durant tout ce temps, comme des enfants. Il ne faut pas oublier que, dans nos jeunes années, il n'y avait ni télévision ni appareils de radio; le phonographe même n'était pas encore entré chez nous. Nous avions, en revanche, de longues conversations sur nous deux. Nous échafaudions des projets pour l'avenir: nous irions passer tous les étés à la campagne! J'avais gardé de mon enfance un goût intense de la verdure et de l'eau, et mon mari, élevé dans le bitume et la poussière de la ville, aspirait à la vie des champs, aux paysages lumineux, aux baignades en eau fraîche, à la pêche à la ligne... Toutes choses qu'il nous a été donné de réaliser dans les quelques années qui suivirent.

Et puis, il y avait aussi la lecture qui nous passionnait. Le soir, avant de nous endormir, nous lisions à haute voix à tour de rôle. C'est d'ailleurs à ce moment que les premières douleurs de mon accouchement se firent sentir.

Je me souviens tout d'abord que le 1er janvier 1900, qui marquait la naissance de ce xxe siècle dont nous parlions depuis si longtemps, avait été fêté partout. Évidemment, je ne pus prendre part à aucune de ces réjouissances: nous attendions notre bébé, suivant les pronostics du docteur, entre le 20 et le 22 janvier. Mais le petit en avait décidé autrement, il faut le croire, car ce fut vers les dix heures du soir, le 4 janvier, que le travail commença.

Nous étions au lit, plongés dans les aventures rocambolesques des trois mousquetaires et de Milady, lorsque je ressentis mes premières contractions. Je crus que ce mal au dos venait de la fatigue d'avoir été trop longtemps immobile. Je me levai pour marcher un peu, en faisant signe à Arthur de continuer la lecture:

— Ce n'est rien, j'ai besoin de bouger, c'est tout.

Je me remis rapidement et revins poursuivre l'aventure de d'Artagnan en plein duel. Mais les douleurs reprirent et, cette fois, mon mari s'inquiéta. Il appela maman et fit aussi demander le docteur. Inutile de dire que c'est maman qui arriva la première et nous apprit que le travail était bel et bien commencé. Cette nouvelle nous inquiéta terriblement. C'était une naissance prématurée: il manquait deux semaines pour que cela fasse neuf mois complets depuis notre mariage! Ma mère, qui s'y connaissait en cette matière, nous rassura. «Ce n'est pas rare pour le premier bébé», dit-elle. Ce qui me tourmentait, c'était le qu'en-dira-t-on. Mais Arthur, bouillant comme toujours, s'exclama:

— Si jamais j'entends la moindre allusion de qui que ce soit, je lui casse la gueu...

Enfin, le docteur arriva, sans se presser, vers les deux heures du matin. Mes douleurs étaient très vives mais encore assez espacées. Il réclama du café et entreprit une partie de dames avec le futur père. J'étais furieuse! Maman, heureusement, me tenait compagnie et m'encourageait en me lavant la figure à l'eau de rose. De temps à autre, Arthur venait me regarder d'un air effrayé et quasi repentant, le cher homme. Il m'embrassait et repartait, la larme à l'œil. Vers cinq heures, le médecin lui enjoignit d'aller se reposer sur le divan du salon, tandis que maman s'affairait dans la cuisine à je ne sais trop quoi. J'ai pensé: «Bon, le docteur va maintenant s'occuper de

moi, faire quelque chose pour m'aider à me délivrer.»
Point du tout! Il s'encanta sur une petite chaise
droite, à côté du lit, la tête appuyée au mur, jambes
pendantes, et commença à cogner des clous, le sans-
cœur, alors que j'avais de plus en plus mal. Et l'autre,
le mari, qui roupillait aussi sur son sofa!…

Finalement, ce n'est qu'à sept heures du matin, le
5 janvier du siècle nouveau, que notre fils se décida à
voir le jour en me déchirant les entrailles. Les plus
grandes joies, dit-on, s'achètent souvent par de
grandes douleurs. C'est peut-être précisément à
cause de cette souffrance de l'enfantement que nous,
les mères, nous chérissons tellement nos petits, lorsqu'ils sont désirés. C'est un bonheur intense, viscéral,
ineffable, qu'aucun homme ne peut imaginer. Dans
les minutes qui suivirent, je perdis quelque peu cons-
cience de ce qui se passait autour de moi. Je
n'entendis que vaguement le cri du bébé, je ne vis
pas non plus couper le cordon ombilical; les voix, les
bruits légers ne me parvenaient qu'assourdis, confus;
je me sentais totalement heureuse, enveloppée d'une
chaleur, d'une moiteur exquises. Lorsque je me décidai à ouvrir les yeux, mon petit enfant était dans mes
bras, déjà lavé et emmailloté par les mains expertes
de sa grand-maman, et son père était penché au-
dessus de nous. Son regard n'était plus gris acier, ni
couleur de mer, mais d'un bleu pâle, très tendre. Je
crois que je lui ai souri, mais je me suis rendormie
tout aussitôt d'un sommeil profond, comme celui du
bébé. Je peux imaginer la fierté du papa et la joie de
la grand-mère, dans les circonstances, mais leur jubi-
lation ne pouvait égaler la mienne…

Le nouveau père ne perdit pas de temps pour annoncer la nouvelle à sa famille; ce que fit aussi maman de son côté, pour tirer d'inquiétude Éva et mes frères. Tout le monde se réjouissait. On baptisa notre fils, quelques jours plus tard, sous les noms de Joseph, Albert, Fernand. C'est mon frère Albert, tout fier, qui fut le parrain, tandis que maman était la marraine. Les Denis, à ce moment-là, vivaient eux aussi des jours d'effervescence et d'excitation, en vue des préparatifs du mariage d'Alice. De sorte que je ne les revis pas beaucoup jusqu'aux noces de ma belle-sœur.

Durant ce temps, ma santé restait précaire: je mettais beaucoup de temps à me relever. D'autant plus que je ne cessais de m'inquiéter de mon petit garçon si petit, si malingre! Lui qui est devenu par la suite un beau, grand et gros garçon. C'est que, sitôt né, il avait fait une jaunisse et, comme il était venu avant terme, il n'avait presque pas de cheveux et pas du tout d'ongles, ni aux mains, ni aux pieds, seulement une petite pellicule, mince et transparente comme du papier de soie. Et cette maigreur et ce teint jaune ne faisaient pas de lui le plus beau bébé du monde! J'en pleurais en embrassant ce petit être que j'aimais tant. C'est affreux à dire, mais j'avais presque honte de le montrer lorsque la famille ou mes amies venaient nous voir. Fort heureusement, cela ne dura pas longtemps: le bébé se mit à profiter, à rosir, à gargouiller et à sourire, à notre plus grand émerveillement. Il devint un poupon très éveillé, attachant au possible.

Ce fut vers la mi-février, le 12 il me semble,

qu'Alice Denis et Eddy Paquette unirent leurs destinées. Je me réjouissais pour ma belle-sœur que j'aimais beaucoup. Nous nous sommes toujours suivies dans l'existence et, malgré quelques petites prises de bec à l'occasion, nous avons conservé l'une pour l'autre une sincère affection. Alice intimidait souvent les gens, à ce qu'il paraît. Elle avait une façon de sonder du regard son interlocuteur, ce qui pouvait être assez inquiétant parfois, mais moi, cela ne me gênait pas du tout. Son premier bébé, une fille, naquit en novembre 1900, dix mois après Fernand, et nos rejetons furent élevés ensemble, presque comme frère et sœur, et extrêmement choyés l'un et l'autre par toute la famille Denis. Lucile était une enfant adorable, aux beaux cheveux bruns et aux grands yeux noirs; ses traits étaient fins, son corps bien fait: une vraie poupée! Fernand, lui, n'était pas remarquablement beau, mais il était bien proportionné. Sa tête était ronde, avec de belles grosses joues, comme des pommes, qu'on aurait voulu manger; il avait les cheveux blonds et les yeux changeants de son père: bleus, gris, verts, mais son regard avait une expression plus douce, plus langoureuse, comme celui des gens de ma famille. Les deux enfants étaient étonnamment intelligents et... bègues, tous les deux! Ce défaut de langage, aux dires de certains, dénote une grande vivacité d'esprit. Je le crois volontiers. C'est un peu ce qui les caractérisa tous les deux par la suite. Mais n'anticipons pas. En ce mois de février 1900, Lucile Paquette n'était même pas née, et Fernand ne parlait pas encore.

Ce qu'il me faut dire à présent c'est que, tout de

suite après la naissance de notre enfant, le directeur des Soirées de Famille, qui avait de la suite dans les idées, ne fut pas long à rappliquer. Il tenait à nous voir reprendre nos places au sein de sa troupe, dont maman et Rodrigue n'avaient jamais cessé de faire partie. L'idée me souriait, mais je ne me sentais pas prête, avec un nouveau-né et toutes les tâches d'une maîtresse de maison sur les bras. Cependant Elzéar Roy insista en me rappelant qu'après tout, lorsque nous avions entrepris les Soirées de Famille, il y avait plus d'un an, j'étais occupée déjà tout le jour avec mon travail à la compagnie Bell. De plus, cette fois, la tâche serait moins ardue, du moins au début, puisqu'il comptait remettre à l'affiche plusieurs des pièces que je connaissais déjà. Ainsi, pour commencer, il me proposait de reprendre mon rôle de Paulette dans *Martyre,* un personnage que j'avais beaucoup aimé. Il désirait annoncer cette reprise pour le 22 février; puis viendrait *Le Testament de César Birodot,* notre représentation inaugurale, et d'autres reprises suivraient en mai, mois qui devait clore la saison. Ce ne serait donc pas avant l'automne, soit au début de la troisième saison, que j'aurais à apprendre de nouveaux rôles. Encouragée par mon mari et ma mère, qui désiraient me voir prendre un peu plus de distractions, je consentis à ce qu'on me demandait, avec grand plaisir, je dois le dire. Quant à Arthur, il fut enchanté de l'offre du directeur des Soirées: il ferait d'abord partie, lui aussi, de ces pièces que l'on allait reprendre en fin de saison, mais le plus intéressant c'est que, pour l'automne suivant, on lui proposait un rôle dans une pièce d'époque où il aurait à soutenir, en scène, un duel à l'épée. Après tous ces romans de cape et d'épée que nous avions lus, il se voyait déjà en d'Artagnan, ou tout au moins en Aramis, ou même en simple garde du roi. Encore fallait-il, pour en arriver là, apprendre le maniement des armes blanches. Mais Elzéar Roy lui proposa de prendre des cours d'escrime et c'est cela, je pense, qui tentait le plus mon Arthur. Il acheta donc, dès le lendemain, tout l'équipement: fleurets, casques et gants, et prit rendez-vous sans tarder avec le maître d'escrime. Je me souviens de cette panoplie suspendue au mur de son fumoir... C'était un grand panneau de bois en forme d'écusson, tendu de feutre vert, qui portait l'équipement nécessaire à deux escrimeurs: les fleurets, fixés en forme de croix de Saint-André au centre, la garde vers le bas, la pointe en haut; entre les deux branches de la croix, en haut et en bas, les masques pour bien protéger la figure et la tête, faits de filet de métal solide et bordés de cuir rouge; à gauche et à droite, les gants de cuir épais, à larges poignets protecteurs. Je revois tout cela comme si c'était hier. Qu'est-il devenu, cet écusson? Ma foi, je n'en sais rien, vraiment. Il y a des tas d'objets qui disparaissent ainsi au cours des ans et dont on se souvient tout à coup avec la plus grande netteté.

Ce soir, que de souvenirs se bousculent dans ma tête et me renvoient des images, comme une lanterne magique! Je revois Arthur à vingt-sept ans, paré de pied en cap, le fleuret à la main: «En garde!» Plus tard, en cavalier de vénerie, beau comme un prince (en redingote rouge, large cravate Ascot blanche), monté sur un magnifique cheval roux, cravache en main... Une autre image, encore: quand nous allions à la pêche au coucher du soleil sur les eaux tranquilles du lac Saint-Louis. Que tout cela est loin! Et pourtant, il me semble que c'était hier...

*   *   *

Ce fut donc en automne, tel que prévu, que la saison théâtrale reprit de plus belle au Monument National. On y donna, entre autres représentations, *Les Rantzau, La Course au mariage, Le Médecin malgré lui*; puis en janvier 1901, *Mademoiselle de la Seiglière,* pendant que nous répétions *Madame la Maréchale.* C'est le 28 février que maman remporta son plus grand succès dans le rôle titre de cette pièce, qui se joua à guichet fermé, et dans laquelle nous jouions tous. Le spectacle fut repris en mars, avec le même bonheur.

C'est aussi vers cette époque qu'Albert épousa Aurore Baillargeon, cette jeune fille charmante qu'il courtisait depuis plus d'un an. Ce fut un choc pour notre mère: perdre son premier fils, son grand, le pilier de la famille, en quelque sorte. Pourtant elle ne montra pas son chagrin et approuva même Albert de sa décision de fonder maintenant sa propre famille. Quant à Toutou, c'était la première fois de sa vie qu'il ne partagerait plus la chambre de son aîné. Au début, il s'en montra enchanté, mais j'ai l'impression que sa joie ne fut pas de longue durée et qu'il éprouva bientôt un grand vide dans son existence. Leurs petites querelles, les quolibets railleurs, de même que la mauvaise humeur et les taquineries du grand frère, tout cela manquait, je crois, à notre Rod si doux, si indolent de nature, que je traitais parfois dans mon for intérieur de souffre-douleur-content, pauvre Toutou!

Afin d'arrondir ses fins de mois, maman avait loué de nouveau la chambre de nos anciens pensionnaires à deux autres étudiants, mais ce n'était plus la même atmosphère familiale et joyeuse qui régnait désormais dans la maison. La troisième saison de notre théâtre devait se terminer le 14 mai 1901, avec *Un Roman parisien*. Hélas, ce spectacle marqua aussi la fin des Soirées de Famille. En trois saisons, nous avions donné plus de cent représentations.

Pourquoi avons-nous mis fin à ces activités théâtrales si populaires? Eh bien, il ne faut pas oublier que notre groupe était formé strictement d'amateurs dont les occupations les appelaient ailleurs. Plusieurs étaient étudiants et, leurs études achevées, devaient se consacrer à leur carrière respective. C'était le cas, notamment, de mon cousin Rodrigue Duhamel, de Jean Charbonneau, d'Emmanuel Bourque et aussi d'Elzéar Roy lui-même, qui dut abandonner la direction de la troupe. Quelques-uns de nos acteurs, dont J. H. Bédard par exemple, Eugène Hamel et d'autres, se dirigèrent vers le Théâtre National, alors à ses débuts, et y firent leur carrière. Maman aussi fut approchée par la direction de ce théâtre, mais elle déclina l'offre: elle ne tenait pas à devenir comédienne à plein temps, ni à jouer dans des pièces genre «américain», comme on en montait alors pour attirer un certain public. Ce fut donc terminé pour nous, du moins sur la scène du Monument National, mais nous étions souvent invités par les maires ou les curés de certaines villes de la province, où nous allions en tournée pour notre plaisir. Les Soirées de Famille avaient beaucoup fait parler d'elles, mais peu de gens de ces localités, parfois assez éloignées, avaient le loisir de venir à Montréal pour nous entendre. Nous allions donc ici et là, quelquefois pour une seule représentation, le samedi ou le dimanche, et nous étions toujours reçus chaleureusement. Ces tournées constituaient de fort agréables distractions.

Rodrigue, pendant ce temps, bûchait ferme pour être reçu notaire à la fin de l'année, car il espérait bien alors être en mesure, à son tour, de parler mariage à sa douce Éva...

Le Directeur de feu les Soirées de Familles

Elzéar Roy.

Caricature de A. Bourgeois.

PIÈCES REPRÉSENTÉES
AUX SOIRÉES DE FAMILLE
(Direction:Elzéar Roy)

1ʳᵉ ANNÉE. SAISON 1898-1899.

13	nov.	Le Testament de César Girodot.
20	"	Le Testament de César Girodot.
27	"	Le Voyage de M. Perrichon.
4	déc.	Simon le voleur.
11	"	Simon le voleur.
18	"	Une Pluie de baisers.
18	"	La Grammaire.
18	"	Embrassons-nous, Folleville.
26	"	Le Voyage de M. Perrichon.
2	jan.	Les Vivacités du capitaine Tic.
19	"	Les Boulinard.
26	"	Les Petits Oiseaux.
2	fév.	La Souris.
2	"	La Grammaire.
2	"	Le Voyage à Boulogne-sur-Mer.
9	"	Les Deux Sourds.
9	"	Les Deux Aveugles.
9	"	Les Deux Timides.
16	"	Les Vivacités du capitaine Tic.
23	"	Les Crochets du père Martin.
2	mars	Les Boulinard.
9	"	Le Malade imaginaire.
16	"	Les Petits Oiseaux.
23	"	Le Gendre de M. Poirier.
6	avril	La Lettre chargée.
6	"	La Poudre aux yeux.

13	"	Le Roman d'un jeune homme pauvre.
20	"	L'Ami Fritz.
4	mai	Le Maître de forges.
11	"	Le Gentilhomme pauvre.
11	"	Le Passant.
22	juin	Le Gendre de M. Poirier.

2e ANNÉE. SAISON 1899-1900.

9	nov.	La Marraine de Charley.
16	"	L'Ami Fritz.
22	"	Les Crochets du père Martin.
30	"	Gendre et belle-Mère.
7	déc.	Une Rencontre.
7	"	Les Deux Sourds.
7	"	Les Deux Timides.
28	"	Les Faux Bonshommes.
2	jan.	Gendre et belle-Mère.
4	"	Durand et Durand.
11	"	Les Trois Chapeaux.
13	"	La Marraine de Charley.
18	"	L'Escamoteur.
25	"	La Grammaire.
25	"	Les Avocats.
1	fév.	Un Roman parisien.
8	"	Le Maître de forges.
15	"	La Joie fait peur.
15	"	Ôtez votre fille, S.V.P.
22	"	Martyre.
1	mars	Le Testament de César Girodot.
8	"	Un Chapeau de paille d'Italie.
15	"	Le Violoneux.

15	"	Maître Corbeau.
22	"	Les Boulinard.
29	"	Le Dompteur.
5	avril	La Marraine de Charley.
19	"	La Comtesse Sarah.
26	"	Le Gendre de M. Poirier.
3	mai	Martyre.
10	"	Les Vivacités du capitaine Tic.
17	"	La Course au mariage.
24	"	Un Chapeau de paille d'Italie.
31	"	L'Abbé Constantin.

3e ANNÉE. SAISON 1900-1901.

28	sept.	Les Petites Godin.
4	oct.	L'Oncle Bidochon.
11	"	Les Rantzau.
18	"	Le Voyage au Caucase.
25	"	L'Homme de paille.
31	"	Jean Beaudry.
8	nov.	La Course au mariage.
15	"	Simon le voleur.
22	"	Mouton. — Le Médecin malgré lui.
29	"	La Course au mariage.
6	déc.	Le Roman d'un jeune homme pauvre.
6	"	Les Petites Mains.
13	"	L'Aveugle.
20	"	Les Jurons de Cadillac
20	"	Un Pied dans le crime.
27	"	Le Forgeron de Chateaudun.
3	jan.	Trois Femmes pour un mari.
17	"	Les Vieilles Gens.

Chapitre XII

PROFUSION DE MARIAGES ET DE NAISSANCES DANS LA PARENTÉ — NOUVELLE CARRIÈRE DE MADAME CHAPDELAINE — LES AFFAIRES D'ARTHUR PROSPÈRENT — SOUVENIRS DE LA PENSION LELIÈVRE — L'AVENTURE DU PONT.

Après le départ d'Albert et la cessation définitive des Soirées de Famille, maman se trouva, quant à elle, quelque peu désemparée, sinon abattue. Mais sa grande vitalité finit par reprendre le dessus et elle commença par entreprendre un grand ménage dans toute la maison: rien de tel pour déloger les plus petits fils d'araignée et chasser toutes les idées noires! Il y avait aussi notre cher Fernand, son premier petit-fils, qu'elle adorait et qu'elle venait embrasser aussi souvent qu'elle le pouvait. Rien ne lui faisait plus de plaisir que de garder le bébé pour nous permettre de sortir. Et puis, elle nous invitait souvent à dîner chez elle avec Albert et sa petite femme Aurore, déjà enceinte. Elle était au comble du bonheur lorsque nous étions tous réunis autour de la grande table de la salle à manger, avec quelques-uns des Manny, nos meilleurs amis; dix, douze convives la comblaient d'aise! Il y avait encore son travail d'aide-infirmière ou de sage-femme, comme on voudra, un travail qui la tenait souvent fort occupée. Elle était de plus en plus en demande, même par les docteurs qui trouvaient étonnantes ses connaissances en puériculture. Et depuis peu, elle s'était lancée, dans ses moments libres (!), dans un autre métier. Elle avait découvert, dans un vieux cahier de recettes et de remèdes, comment préparer des produits de beauté pour entretenir la jeunesse! Elle utilisait diverses plantes, achetées chez l'herboriste, et concoctait des trucs étonnants à base de blanc de baleine et de lanoline, pour adoucir la peau. Il n'y avait pas alors sur le marché tous ces produits qu'on nous offre aujourd'hui, mais les femmes de ce temps-là avaient envie des mêmes choses. Ce qu'elle en a vendu, ma mère, de la beauté en savons, en flacons ou en petits pots, pour quelques sous! Elle n'a pas fait fortune avec ses découvertes, mais elle en retirait, je pense, un immense plaisir, ce qui est encore mieux…

Le 11 janvier 1902, ma belle-sœur Aurore mit au monde, avec l'aide de maman, son premier bébé, un beau petit garçon. Ses parents lui donnèrent le nom d'Albert-Édouard et notre mère prit soin de la jeune accouchée et du poupon — son deuxième petit-fils — durant plusieurs jours, avec ravissement.

Rodrigue, ayant terminé son cours avec succès, était entré dans une étude importante où se trouvaient déjà plusieurs notaires. Il était en quelque sorte leur clerc, et ne gagnait pas beaucoup d'argent. N'importe, cette situation ne devait être que temporaire, en attendant qu'il se trouve une étude bien à lui, quitte à ce qu'elle soit en dehors de Montréal. Mes cousins avaient décidé de se marier dès septembre et de continuer à demeurer avec maman pour au moins une autre année, afin de voir venir la bonne occasion et aussi d'amasser assez d'argent pour se meubler convenablement. Il est aisé de deviner combien maman fut heureuse de cette perspective. En septembre, donc, nouveau branle-bas rue Lagauchetière. Le mariage d'abord, puis le jeune couple hérita à son tour de la grande chambre du premier étage, tandis que notre mère remontait au second, cette fois dans la chambre de Rodrigue.

À cette époque, décidément, les mariages et les naissances se bousculaient chez nous... De 1899 à 1903, en plus de mon propre mariage et de celui de ma belle-sœur, Alice Denis, il y eut aussi ceux d'Albert, mon frère, et d'Ovide, le frère d'Arthur, ainsi que celui d'Éva avec Rodrigue. Cela fit donc, en l'espace de quatre ans, cinq noces et à peu près autant de naissances. Sans compter deux autres enfants qui vinrent entre-temps augmenter la famille de mon autre beau-frère, Ernest Denis.

Quant à moi, en cette année 1903, je n'avais toujours qu'un seul enfant. Cela nous désolait, Arthur et moi.

Durant tout le temps de la grossesse d'Éva, maman prit le plus grand soin de sa fille adoptive. Le bébé vint au monde le 6 juin. C'était une belle petite fille, blonde aux yeux bleus, et notre mère eut tout le loisir de pouponner à cœur joie car les Duhamel habitaient encore chez elle. Mais sur les entrefaites, Rodrigue dénicha justement l'occasion espérée: l'étude d'un vieux notaire qui prenait sa retraite. C'était à Saint-Roch-sur-Richelieu, en face de Saint-Ours, le patelin de notre enfance. Mes cousins partirent donc s'installer là-bas avec leur fille Marcelle, la première d'une famille qui devait compter onze enfants, dont huit survécurent.

Les gens s'étonnent parfois de m'entendre parler

de mon cousin Rodrigue et de ma cousine Éva; ils s'étonnent d'apprendre qu'ils sont tous deux mes cousins germains et qu'ils ne sont pas pour autant parents l'un avec l'autre. C'est pourtant fort simple: mon père et la mère de Rodrigue, Hermine Chapdelaine, étaient frère et sœur; tandis que la mère d'Éva, Ludivine Larue, était la sœur de maman. C'est pourquoi, sans doute, les enfants de Rodrigue et d'Éva ont tellement d'affinités, de ressemblance avec mes propres enfants, à cause de cette «double» ascendance.

Je disais donc que mes cousins étaient partis s'installer à Saint-Roch. Maman, restée seule avec Toutou, décida d'abandonner la grande maison de la rue Lagauchetière, où nous avions connu tant de jours heureux, et se trouva un petit logement rue du Parc Lafontaine. Elle en avait assez de tenir une pension de famille et il n'était plus question de faire du théâtre. Mais les choses, comme toujours, s'arrangèrent fort bien pour cette femme qui ne cessa jamais de m'étonner. Elle avait trouvé, je ne sais comment — peut-être par une annonce parue dans *La Presse* —, un travail assez rémunérateur pour l'époque et qui l'intéressait beaucoup. Il s'agissait de retrouver et de rencontrer des femmes qui avaient pris ou prenaient encore un certain médicament, un tonique pour les personnes faibles ou fatiguées: les *Pilules rouges* qui, comme leur nom l'indique, étaient effectivement rouges! Maman avait pour tâche de recueillir les témoignages de ces femmes pour le compte de la compagnie des *Pilules rouges*. Avec l'autorisation des intéressées, elle écrivait, transposait, embellissait leurs récits, qui seraient ensuite publiés dans les journaux et serviraient de réclame à ce merveilleux remède! Elle s'intéressait beaucoup à toutes les personnes qu'elle rencontrait, quel que soit leur genre de vie, et les écoutait longuement raconter tous leurs malaises et les bons résultats obtenus par *les Pilules rouges pour les femmes pâles.* Comme elle avait la plume facile, elle brodait autour de ça, et les témoignages qu'elle soumettait à ses patrons les enchantaient, comme ils enchantaient aussi les femmes dont le nom, ainsi que la photo souvent, apparaissait dans nos journaux. Elle travailla pour cette société de produits pharmaceutiques pendant plus de quinze ans, voyageant par toute la province et se rendant même aux États-Unis, au moins une fois l'an, ce qui lui donnait l'occasion de visiter la parenté de Lowell, de Manchester et d'ailleurs. De son côté, mon frère Rod allait mieux et avait recommencé à travailler, du moins périodiquement, de sorte que tout allait assez bien.

En ce qui me concerne, de ce début de siècle, je garde surtout le souvenir d'un petit bonheur tranquille, avec mon mari, mon petit garçon qui grandissait, et les bons amis qui nous entouraient. Pourtant, nous n'étions pas parfaitement heureux… Quelque chose manquait encore à notre bonheur.

Le départ d'Éva et de Rodrigue m'attristait, ainsi que les fréquentes absences de maman, accaparée par son nouveau travail. Mon mari aussi était de plus en plus occupé, car ses affaires marchaient très fort. Nous étions maintenant entrés dans une ère nouvelle, celle des enseignes lumineuses qu'Arthur fabriquait en grand nombre, en les améliorant sans cesse. Au début, les ampoules électriques ne faisaient que pointiller le pourtour de l'enseigne, puis elles tracèrent tout le contour du dessin, et même de chaque lettre de l'annonce publicitaire. Peu après, on découvrit le moyen d'animer les personnages, comme à New York! Arthur fut le premier à monter une telle enseigne, au-dessus de la marquise d'un cinéma, rue Sainte-Catherine. Les passants s'immobilisaient, de l'autre côté de la rue, pour admirer un clown géant couché sur le dos, jambes en l'air, qui faisait rouler un baril avec ses pieds. Le jour, on ne distinguait qu'un fouillis de bras et de jambes en diverses positions, mais dès que s'allumaient les lumières, la magie apparaissait. Les ampoules électriques brillaient et s'éteignaient alternativement, donnant l'illusion de mouvements coordonnés et bien rythmés.

Arthur, comme de juste, avait dû accroître le nombre de ses employés: peintres, menuisiers, électriciens. L'équipement aussi devait être accru et amélioré et, l'espace devenant insuffisant, il loua le local voisin pour agrandir son établissement. Comme les bénéfices augmentaient aussi, mon homme se mit à faire des tas de projets. Il voulait acheter tout de suite une maison, un cheval, un voilier... puis quoi encore! Pourtant, nous savions bien que tout cela ne suffirait pas à nous combler. Il manquait à notre vie ce que l'argent ne pouvait nous procurer: un autre enfant. Nous espérions toujours que j'allais commencer une nouvelle grossesse mais, de mois en mois, nous étions sans cesse déçus.

C'est au début de 1904, si je me souviens bien,

qu'un grand malheur frappa notre famille. La femme d'Albert avait eu un deuxième bébé, mais cette naissance lui fut fatale. Elle contracta la coqueluche de sa petite fille — qui mourut d'ailleurs de cette maladie peu après — et Aurore s'éteignit bientôt de ce que le docteur appela «la consomption galopante». Sa fin fut déchirante. Quel dommage qu'il n'y eût rien, en ce temps-là, pour adoucir les dernières heures des mourants!... Mon pauvre frère fut ravagé. Après trois années seulement d'un mariage heureux, il restait veuf avec un petit garçon de deux ans. Ce sont les beaux-parents d'Albert qui ont élevé l'enfant. Quant à lui, après quelques années misérables — la vie étant ce qu'elle est —, son chagrin s'atténua. Il se remaria avec une jeune fille timide et effacée, mais elle lui fit une excellente épouse et lui donna plusieurs enfants.

La mort d'Aurore m'avait beaucoup secouée, et je commençai à penser que je n'étais pas très robuste, moi non plus, et que c'était une bonne chose, au fond, de ne pas avoir eu un autre enfant tout de suite. Nous décidâmes d'abandonner notre logis de la rue Berri et d'aller vivre, pour quelque temps, en pension où je n'aurais rien à faire que de m'occuper de mon petit garçon; ainsi pourrais-je retrouver ma santé.

La pension Lelièvre était une maison réputée où vivaient surtout des personnes d'un certain âge; notre petite famille y apporta quelque gaieté. Dès le premier repas, lorsque le rôti de veau apparut sur la table, Fernand réclama, d'un ton péremptoire, «une aile et un pâté de patates avec une rigole de lait dedans».

À la pension Lelièvre en 1904

Son bon gros visage rond, son appétit et sa bonne humeur firent tout de suite la conquête de tout le monde, dont il devint le chouchou, même de la cuisinière. Nous nous y sommes fait, nous aussi, de très bons amis. Le soir s'organisaient des tables de whist, ou des soirées musicales. Plusieurs des pensionnaires nous avaient connus aux Soirées de Famille et nous faisaient raconter nos souvenirs de théâtre; nous étions très entourés. Cette nouvelle ambiance m'aida à oublier un peu mon chagrin et à reprendre des forces. De plus, mon mari me proposa, au début de l'été, d'aller passer quelques semaines à Saint-Roch, en même temps qu'Alice et Eddy Paquette allaient y rejoindre des amis; nous y serions donc en excellente compagnie. Éva était enceinte et je n'ai pas besoin de dire combien nous avons eu de joie à nous revoir.

Arthur restait à la pension Lelièvre et venait nous retrouver à la fin de chaque semaine, avec son beau-frère Eddy.

Fernand ne connaissait pas la campagne et il se passionna dès le début pour tout ce qu'il y découvrait: arbres, plantes et insectes. Très heureux de retrouver sa petite cousine Lucile Paquette, il s'intéressa vivement aussi à Marcelle, le bébé d'un an des Duhamel, et se mit à souhaiter très fort d'avoir une petite sœur. Comme il avait appris que les bébés se trouvent sous les choux, il en cherchait à longueur de jour dans le champ du voisin, tandis que nous nous parlions cœur à cœur, Éva et moi, du passé et de nos espoirs d'avenir. Ma cousine mit au monde sa deuxième fille, Claire, et j'eus le bonheur d'assister à son baptême, avec Fernand que cette cérémonie jeta dans le ravissement. Il était quand même déçu que ce soit le cousin Rodrigue qui trouve une fille sous les choux en ne cherchant qu'un soir, alors que lui n'avait vu que des chenilles et des fourmis durant des semaines d'exploration!...

L'hiver suivant, nous étions toujours à l'enseigne de la pension Lelièvre, et Fernand, qui allait atteindre ses cinq ans, fut choyé au jour de l'An comme peu d'enfants pourraient l'être. Tous les pensionnaires se livrèrent à une rivalité sans pareille pour ses étrennes: jouets de toutes sortes, animaux de peluche ou de fourrure, livres d'images, voitures de pompiers attelées de petits chevaux de bois, et que sais-je encore? Inutile de préciser que l'excitation était à son comble en ce jour de fête: chacun tentait d'attirer l'attention de notre Fernand sur le cadeau qu'il lui avait offert; tous s'amusaient comme des enfants, tandis que le petit devenait de plus en plus nerveux et bégayait de plus belle. Maman était invitée pour dîner à la pension, et ce qu'elle apporta à son petit-fils, je le donne en mille: une poupée! Elle lui dit que ce serait comme un bébé-sœur. Son père n'ap-précia guère ce choix. Une poupée pour un garçon, c'était impensable! Il voulait faire de lui un homme! N'empêche que, de tous ses présents, ce fut à celui-ci que notre «petit homme» s'attacha davantage. Avec le temps, il se lassa de tout le reste, mais il réclama longtemps son bébé-sœur pour s'endormir, le soir. Je finis par faire comprendre à mon mari que, somme toute, c'était aussi bien (même mieux) que de dormir avec un ourson: un petit garçon n'en devient pas efféminé pour autant! Je jouais même parfois à la poupée avec lui, en lui parlant de la petite sœur vivante que nous lui donnerions, peut-être, un jour…

C'est à l'automne de cette année-là aussi que notre fils entra au Jardin de l'enfance des Sœurs de la Providence, une petite classe pour les garçons de cinq à huit ans, aménagée dans leur couvent des sourdes-muettes, rue Saint-Denis. Je le conduisais à son école le matin et passais l'y reprendre après la classe. Je me souviens que le jeudi de sa première semaine d'écolier, M. Montplaisir, l'un des résidents de la maison, l'aperçut jouant dans l'escalier de la pension, et il lui demanda pourquoi il n'allait pas à l'école.

— Aujou…ourd'hui, répondit Fernand, c'est pa…pace que je conge.

Le mot fit le tour de la pension, comme l'avait fait

«l'aile du veau», et chacun s'en divertit, sauf l'auteur: il finit par trouver agaçant de se faire demander à tout propos s'il *congeait*, ou s'il allait *conger*.

Je viens de mentionner le nom de M. Montplaisir et cela me rappelle un autre incident cocasse de la pension Lelièvre. Je dis à mon mari, un soir, que j'avais «outragé» M. Montplaisir.

— Comment ça? Qu'est-ce que tu lui as fait?

— Rien. Je l'ai rencontré à la porte de la salle à manger; il s'est effacé galamment pour me laisser passer et a murmuré: «Petite madame, vous sentez outrageusement bon!» C'est de ta faute, d'ailleurs, à cause du parfum que tu m'as offert au jour de l'An!

Pauvre M. Montplaisir, il avait de ces mots inappropriés, plutôt déconcertants, qui nous amusaient beaucoup...

En ce printemps de 1905, deux nouvelles, coup sur coup, nous parvinrent des Duhamel: Éva était de nouveau enceinte et Rodrigue avait décidé de quitter Saint-Roch. Les clients se faisaient rares dans ce petit village: tout le monde traversait à Saint-Ours pour aller voir le notaire, et il semblait que les affaires seraient meilleures du côté d'Asbestos. J'allai passer tout le mois de juin avec eux et je les vis partir la mort dans l'âme. Leur troisième rejeton, Roland, naquit en septembre et Rodrigue, toujours épris de théâtre, organisa peu après une tournée de représentations à Asbestos et dans les environs. Je confiai Fernand à sa grand-mère Denis — plutôt à Ernestine — pour une dizaine de jours; Arthur laissa de nouveau ses affaires à son homme de confiance; maman s'arrangea pour combiner son travail pour les *Pilules rouges* avec la reprise de ses grands rôles des Soirées de Famille. C'est la dernière fois que nous sommes montés sur les planches. Nous eûmes le même succès auprès de ces auditoires nouveaux, et toujours le même plaisir. Surtout ce fut une immense joie de passer ces quelques jours avec Rodrigue et notre chère Éva. Nous devions, hélas, être ensuite plusieurs années sans pouvoir nous retrouver.

Dès notre retour d'Asbestos, nous commençâmes déjà à élaborer des plans pour l'été suivant. Nous ne voulions pas retourner à Saint-Roch puisque nos cousins en étaient partis. Par contre, nous ne pouvions pas nous résoudre à l'idée de rester en ville durant la belle saison. Non, non, il nous fallait à tout prix dénicher une petite villa à la campagne, dans un endroit tranquille, pas trop loin de Montréal, où nous pourrions séjourner tout l'été. C'était notre rêve! Et nous nous lançâmes, dès ce moment, à la recherche de ce qui nous conviendrait. Ce ne fut qu'au début de décembre que quelqu'un, finalement, nous parla de Woodlands, petite localité sur le lac Saint-Louis, à proximité de Châteauguay, où nous avons passé par la suite tant de beaux étés. Pourtant, notre première visite en ces lieux faillit bien tourner au désastre: ce que nous avons appelé «notre fameuse aventure du pont de Caughnawaga»... et j'ai très envie aujourd'hui de la raconter une fois encore...

Bien, voilà! On nous avait donné le nom d'un certain Laberge ayant une maison à louer à Woodlands, endroit idéal, à ce qu'on disait. En conséquence, nous avions décidé d'aller sur place voir si tout était à notre convenance et si nous pourrions nous entendre avec cet homme. Nous avions laissé le petit à maman, un beau dimanche, et nous voilà partis tous les deux, par un matin clair et froid. Il avait neigé abondamment depuis la fin de novembre et le voyage en train, dans toute cette blancheur, fut absolument splendide. À la petite gare de Woodlands, en pleine campagne, le chef de gare dénicha un charretier pour nous conduire jusque chez les Laberge, en traîneau. Des grelots à pompons rouges étaient accrochés à l'attelage du bon gros cheval de labour, fort et courageux; ils tintinnabulaient à la cadence des mouvements de la bête qui s'enfonçait parfois jusqu'aux genoux dans cette neige molle et collante. La petite maison des Laberge, peinte en beige et vert, nous plut tout de suite. C'était une vraie maison de campagne, simple et très propre, face à ce grand lac Saint-Louis, extrêmement poissonneux aux dires des propriétaires. Ceux-ci s'étaient fait construire une maison plus vaste, juste à côté, sur leur terre et ils désiraient louer la maisonnette qu'ils avaient habitée depuis leur mariage. Bref, après avoir visité les lieux et admiré les environs, nous nous informons de l'heure du prochain train pour le retour. Catastrophe! Le dimanche il n'y avait que deux trains de voyageurs: celui du matin et l'autre, le soir à onze heures! La pensée d'attendre aussi tard et d'arriver chez nous bien après minuit ne nous enchantait guère. Je songeais à l'inquiétude que ce retard ne manquerait pas de causer à notre famille. Arthur s'enquit alors de la possibilité de se faire conduire à une autre localité, Châteauguay, ou ailleurs, pour attraper un autre convoi. Mais non, c'était le même train qui desservait tous les alentours.

— Espérez donc une minute, nous dit le père Laberge, je vas aller chez un de mes voisins, Oscar Auger, qui conduit du monde, des fois, jusqu'à Caughnawaga, la réserve indienne; y pourra t'ête ben vous accommoder...

Les deux hommes reviennent peu après et Oscar Auger déclare qu'il peut nous emmener jusqu'au pont du chemin de fer de la réserve. On n'aurait qu'à traverser à pied pour arriver à Lachine.

— De là, même les p'tits chars à trolley pourront vous remmener en ville.

— Mais c'est pas dangereux au moins ce pont? demande Arthur. Surtout que la nuit vient vite, à ce temps-ci...

— P'en toute! Y a des sauvages qui le traversent tous les jours, matin et soir, pour aller travailler de l'aut' bord.

Le vent s'étant levé, la poudrerie s'en mêle et une étrange prémonition me serre le cœur, mais je n'ose pas en parler. Et puis j'ai tellement hâte d'arriver à la maison... Le cheval d'Oscar s'embourbe dans la neige accumulée sur la route étroite, que la gratte n'a pas encore déblayée. L'homme est debout et fouette la pauvre bête qu'il invective, en plus, à coups de «ciboire» et de «sacrement», de «torrieu» et de «baptême», tandis que je fais mon signe de croix à chaque juron.

— Vous avez pas besoin de blasphémer comme ça, mon garçon, fait Arthur, on n'ira pas plus vite.

Mais Oscar, se tournant vers nous, crie dans le vent:

— Le joual est ben accoutumé. Y a rien que ça pour le faire avancer, le maudit bâtard!

En fin de compte, le traîneau s'arrête, fait un virage en tête à queue, et notre charretier lance tout d'une traite:

— C'est icitte, le pont est là derrière vous; c'est quinze piastres.

Mon mari, qui regrette cette entreprise, veut lui en offrir le double pour qu'il nous ramène au moins jusqu'à Châteauguay mais, vas-y voir, le cheval sentant le chemin du retour et son écurie bien abritée, prend le mors aux dents et détale plus vite qu'il n'était venu, emportant notre Oscar qui, lui, savoure d'avance, sans doute, les plaisirs que va lui procurer l'argent du *dude* de Montréal.

L'endroit où nous nous trouvons est complètement désert; il est environ cinq heures de l'après-midi et il fait tout à fait nuit. Seule la petite lueur d'un fanal, à l'entrée du pont, guide nos pas et nous permet de lire un écriteau signifiant l'interdiction formelle aux piétons de s'y aventurer. Que faire? Impossible de rebrousser chemin à pied, et puis quoi, puisque les Indiens y passent tous les jours!...

— On y va?

— Allons-y.

Je détachai mon écharpe de mon cou et la nouai sous mon menton en couvrant bien mon chapeau pour le fixer solidement, tandis qu'Arthur enfonçait le sien jusqu'aux oreilles et, main dans la main, nous nous sommes mis résolument en marche.

Le vent, par bonheur, s'était calmé, mais Dieu qu'il faisait noir par cette nuit sans lune! Il n'y avait que la blancheur de la neige sur les traverses de la voie pour nous guider. Cela nous fit voir du même coup combien le pont était étroit. Il n'y avait qu'une seule voie, pas de passage à piétons, pas même, de distance en distance, de ces sortes de petites balustrades, comme on en voit d'habitude, où deux ou trois personnes peuvent se garer pour laisser passer le convoi. Nous marchions donc dans l'écartement des rails, sur les traverses à claire-voie; ces rails me semblaient bouger à chaque pas. Accrochée au bras de mon Arthur, tout contre lui, j'avançais tête baissée pour bien voir où je posais les pieds. J'entendais l'eau bouillonner contre les piles et je voyais passer par moments, en tournoyant, de gros paquets de neige qui commençaient à prendre en glace, et l'espace entre chaque planche du tablier me paraissait aller en s'élargissant. C'était effrayant! La panique commençait à me gagner!

Arthur était habitué, lui, aux hauteurs, au vide autour de lui, à force de grimper sur les madriers de ses échafaudages: il n'était pas le moins du monde sujet au vertige. Ce qui l'inquiétait en ce moment c'était, surtout, la possibilité d'un train de fret arrivant sur nous, devant ou derrière. Pour me rassurer, il marchait d'un pas ferme en sifflotant l'air du *Danube bleu,* sur lequel nous avions si souvent patiné au Montagnard et le rythme, la cadence aidant, mes genoux cessèrent de trembler et nous fîmes encore un petit bout de chemin, sans trop de difficulté. Mais, Seigneur, qu'il était long ce pont! Tout à coup, nous aperçûmes devant nous, à quelque distance, le phare lumineux d'un convoi, et bientôt le halètement de sa locomotive nous glaça d'épouvante. Arthur me dit:

— Écoute, ma chérie, n'aie pas peur: pour le moment le train semble encore assez loin. Lorsque le temps sera venu je devrai me suspendre au dehors, en me tenant solidement des deux mains à l'une des poutres qui dépassent la voie. Dès que je te le dirai, il faudra que toi, tu te glisses rapidement sur mon dos et te cramponnes à mon cou, sans perdre une seconde. Tu peux le faire, je le sais: tu es forte et agile, et puis, ce n'est pas bien long le temps que passe un train, juste assez pour dire une petite prière.

Je n'avais d'ailleurs pas attendu ce moment. Je priais de toutes mes forces, depuis le début de notre «traversée». Là-bas, pourtant, le phare semblait s'être immobilisé et les tchou, tchou, tchou, avaient changé de diapason, alors qu'un fanal tournoyait dans le noir. Nous marchions maintenant un peu plus vite; j'oubliais de regarder sous mes pieds et nous scrutions tous deux l'espace blanchâtre qui s'étendait devant nous. Le train repartit lentement en poussant devant lui son trait de lumière, mais, cette fois, dans un angle différent: il avait changé de direction! Arthur poussa un cri joyeux et dit en me serrant contre lui:

— Ce doit être une voie de garage qu'il y a par là: il ne traversera pas. Nous sommes sauvés, mon amour; ça ne doit plus être très loin maintenant...

Je murmurai dans un souffle:

— Pourvu qu'il n'y ait pas un autre train derrière nous.

Nous avions maintenant dépassé le treillis métallique du pont mais la voie ferrée continuait entre deux remblais tout aussi élevés. Étions-nous vraiment arrivés sur l'autre rive? Et comment faire pour descendre de cet escarpement? Et de quel côté? Autant de questions qui nous tourmentaient. La locomotive de tout à l'heure, tous feux éteints à présent, était devenue totalement invisible dans la nuit noire. Pourtant à notre gauche, une petite lueur jaunâtre nous apparut bientôt. Lueur immobile, telle une lampe à la fenêtre d'une habitation, mais c'était encore loin et nous étions si haut! Il nous faudrait bien pourtant nous résoudre à nous laisser glisser jusqu'en bas et à marcher ensuite en direction de cette lumière. Et si nous n'avions pas encore atteint la berge? J'avais une peur bleue d'arriver dans l'eau glacée. Nous étions déjà transis, et le brouillard qui s'élevait de la rivière nous obstruait presque complètement la vue. Arthur déclara que, si nous avions entendu couler l'eau sous le pont, c'était à cause du fort courant à cet endroit; sûrement la glace devait être prise sur les rives. Il fallait tenter le tout pour le tout et, s'enveloppant les jambes dans son capot de chat, il s'assit au haut de la pente.

— Élise, dit-il, attends que je sois rendu en bas. Si tout va bien, tu te lanceras à ton tour dans le chemin que je t'aurai tracé.

Quand je le vis démarrer, le cœur me manqua, j'étais terrifiée. Je pensai: «Si tout ne va pas bien qu'est-ce que je ferai moi, ici toute seule, en pleine campagne, sur une voie de chemin de fer! Je mourrai sûrement, moi aussi.» Je pensais à notre petit garçon que nous laisserions orphelin et, en pleurant, je me mis à prier de plus belle. Jamais je n'avais prié avec autant de force. Jamais non plus je n'avais eu aussi peur de la mort... Mais d'en bas la voix vibrante et joyeuse me cria:

250

— Ça y est! Lance-toi. C'est comme une descente en traîne sauvage!

Ce ne fut pas long! Juste le temps de ramasser mes jupes autour de moi, et me voilà dévalant la pente, sur le dos, dans l'ornière creusée par mon homme. Je tombai dans ses bras en riant, en pleurant: deux vrais fous! Oui, fous de joie!...

Mais nous n'étions quand même pas encore au bout de nos peines. Il nous fallut atteindre, en s'enfonçant dans la neige à chaque pas, cette maison là-bas, où brillait la lumière, et qui se révéla être le terminus de tramway de Lachine. Là, une salle exiguë offrait une banquette tout le long de ses quatre cloisons. Un petit poêle ronflait en son centre, chauffé à blanc. L'agent de la station, jovial et compatissant, nous réconforta d'une tasse de thé noir, bouillant — j'étais loin du bubusse de mon enfance, mais jamais thé ne me parut plus délicieux!

— Votre conducteur, nous dit-il après avoir écouté notre histoire, est un véritable criminel! C'est vrai que des Indiens traversent par le pont du chemin de fer tous les jours, mais ce qu'il ne vous a pas dit, c'est que, chaque jour aussi, il s'en fait tuer par les trains...

On peut facilement deviner que notre aventure fit le tour de la famille et de notre cercle d'amis. Ce récit se répéta souvent au fil des ans et, chaque fois, mon Arthur dramatisait un peu plus. Si bien qu'après quelques années nous avons fini par être vraiment suspendus dans le vide, au-dessus du gouffre, tandis qu'un long convoi de marchandises, lancé à pleine vitesse, secouait vigoureusement notre poutre. Mon mari n'était pas menteur, mais je crois qu'il avait fini par croire à ce drame, tant, en ce fameux soir, il avait ruminé dans sa tête la seule façon dont nous pourrions nous y prendre pour échapper à l'accident fatal. Son plan était digne de la série d'aventures de Pearl White qui se tirait toujours des pires situations, au cinéma muet de nos jeunes années. Quant à moi, comme nous n'aurions pas pu «arranger ça avec le gars des vues», j'étais bien heureuse de n'avoir pas été dans la nécessité de mettre ce plan à exécution!...

Chapitre XIII

L'hiver passa et Arthur n'eut plus qu'une hâte: s'installer à Woodlands dès le mois de mai, surtout pour aller à la pêche, sans doute, mais aussi pour régler son compte à Oscar Auger. Pour ce qui est de la pêche, que ce soit le jour ou le soir, au dard, à la lueur d'un fanal, ou au crépuscule à la cuiller traînée en remorque, tout cela me paraissait très bien: j'aimais cela, moi aussi. Mais je mis toute mon énergie à combattre les ardeurs belliqueuses de mon époux envers Oscar. Pas de gros mots, pas de bagarre, pas de coups de poings, de grâce: il ne le fallait à aucun prix.

— Tu ne comprends pas, Élise. Il mérite une leçon, non seulement pour ce qu'il nous a fait, à nous, mais aussi pour la façon dont il a traité son pauvre cheval. Je ne peux pas supporter qu'on maltraite un animal, pas plus qu'un enfant. J'apporte ma cravache et il va recevoir la raclée de sa vie.

Je finis pourtant par le dissuader. Oscar était un ignorant, un pauvre crétin: pas de raison d'agir comme lui. Il nous avait joué un sale tour pour quelques dollars, c'est vrai, mais c'était lui le perdant, en fin de compte: nous n'aurions plus jamais recours à ses services, sous aucune considération. Arthur se laissa fléchir et se contenta, l'occasion venue, de lui dire quand même sa façon de penser — histoire de se défouler un peu.

Notre premier été dans cette maisonnette, au bord du lac, nous enchanta. Elle était assez vaste pour y recevoir nos familles respectives et quelques amis, nous qui aimions tellement être entourés et offrir notre hospitalité. Il y avait à l'étage trois chambres à coucher, et une autre au-dessous, à côté de la grande salle commune. Tout cela était meublé modestement, à la mode campagnarde: lits de fer avec paillasse de feuilles de blé d'Inde, fleurant bon le maïs séché au soleil et aux grands vents d'ouest; chiffonniers avec bol et broc pour la toilette et petites chaises à fond de paille. Ce qui manquait le plus, naturellement, c'étaient les commodités de la ville: salle de bains, etc., mais nous étions jeunes et capables de nous en passer pour quelques mois. En bas, dans la salle de séjour, il y avait une grande table de bois blanc, avec de longs bancs de chaque côté, pour prendre nos repas, quelques chaises berçantes et fauteuils rustiques. Quant à la cuisine, elle était éclairée sur trois faces, étant située dans un bascôté attenant à cette salle. Un énorme poêle à bois et à charbon y trônait, à côté d'une table grossièrement équarrie et d'une grande armoire à tablettes. Telle quelle, elle me plut beaucoup.

Dès cet été-là, Arthur acheta un poney. Pas un de ces poneys nains, de ceux qu'on voit au cirque, non; c'était tout bonnement un cheval de petite taille, assez fort quand même pour tirer dans sa charrette anglaise au moins quatre adultes. Je le conduisais sans difficulté, sauf quand mon mari était là: l'animal refusait alors carrément d'avancer, aussi longtemps que je n'avais pas remis les guides au «maître». C'était un jeu entre nous. Dès qu'Arthur avait la conduite de la voiture, le cheval se mettait à trotter allègrement; je reprenais les guides, en douce, quand tout à coup le petit malin s'arrêtait net et tournait la tête de notre côté; on ne pouvait pas lui faire le coup! Fernand battait des mains, mon homme se rengorgeait, tout fier, et tout le monde s'amusait, même le poney qui retroussait ses babines de velours dans un sourire, et secouait la tête deux ou trois fois, comme pour dire: «Pas si bête, hein?» C'est vrai qu'il était intelligent, et doux avec ça. Arthur avait commencé à le monter et le poney, à y prendre goût. Un peu plus tard Fernand, alors âgé de six ans, put être hissé sur son dos et, au lieu de galoper, de trotter, l'animal allait au pas pour éviter de faire tomber sa charge fragile. Quant à moi, il me gardait pour les douceurs: nous le laissions errer librement autour de la maison et, tous les jours, à l'heure des repas, on voyait apparaître à la fenêtre, au-dessus de la table où nous mangions, sa jolie tête à crinière blonde. Il venait réclamer sa carotte, mais il ne l'acceptait que de moi. À chacun son rôle ici-bas, ses privilèges et sa place.

Maman et mes frères, puis la famille Denis: père et mère avec Ernestine, les autres filles mariées avec leurs enfants, enfin tous nos parents se succédèrent, à tour de rôle, durant l'été. Les maris arrivaient, en fin de semaine; on allait à la pêche, à la baignade devant la maison, en balade aux alentours, aux provisions à Châteauguay… Que tout cela était plaisant! C'était aussi un surcroît de besogne, bien sûr, mais, heureusement, j'avais trouvé au village une jeune fille pour m'aider aux soins du ménage et faire la vaisselle; et puis, tout le monde s'y mettait, à la bonne franquette. Une chose dans laquelle notre petite bonne excellait, c'était nettoyer et apprêter le poisson, car elle habitait un village de pêcheurs, qui comptait une dizaine de personnes tout au plus! Même que, souvent, lorsque nos hommes n'avaient pas eu le succès escompté, nous allions chez eux acheter leurs plus belles prises. Ils chassaient et pêchaient comme les Indiens de Caughnawaga, leurs voisins, souvent leurs cousins: ils étaient presque tous plus ou moins de sang mêlé, dans ces parages. Ces gens, dans l'ensemble, étaient serviables et, naturellement, ils y trouvaient aussi leur profit.

Élise et ses fleurs

Confidences avec Éva D.

Bien entendu, Éva Dagenais, mon amie de toujours, vint aussi passer ses vacances avec sa sœur, Alpaïde, dès cette première année de Woodlands. Cette Éva, quelle excentrique!

Elle était aussi bien en avance sur notre époque. Moi, j'avais fait de la bicyclette, du patinage, je nageais comme un poisson (ou presque); parmi les femmes de ce temps, je surprenais assez. Mais Éva! Elle fumait la cigarette, quand ce n'était pas le cigare, et prenait un verre avec les hommes. Elle m'avait confié que son beau teint, elle le devait au fard qu'elle employait régulièrement depuis des années! Il n'y avait que le fard de scène que je jugeais permis; les femmes fardées à la ville ne pouvaient être que des femmes de mauvaise vie. La révélation d'Éva me bouleversa: elle était honnête et se mettait du rouge! Je ne m'en étais jamais aperçue. Un jour qu'elle me trouvait particulièrement pâle, elle m'offrit de me maquiller. J'acceptai, après quelques hésitations, en me disant que mon mari, lui, s'apercevrait sûrement de l'artifice et m'enverrait me débarbouiller. Il jouait aux échecs avec Albert Pilon, un ami venu passer le dimanche avec nous; j'arrive, toute pimpante, en compagnie d'Éva et, sans dire un mot, je m'approche des joueurs. Arthur lève les yeux et s'exclame:

— Regardez-moi ça, Pilon. Pensez-vous que ma femme a l'air en santé! Je vous dis que son été lui fait le plus grand bien! Je suis bien content de sa bonne mine.

Et les deux hommes se replongent dans leur partie d'échecs, tandis qu'Éva et moi, nous nous éloignons en pouffant de rire. Je continuai en cachette à me mettre un peu de rose aux joues, pour ma plus grande satisfaction.

Élise, Éva et Alpaïde
«Les hommes? On peut leur faire croire ce qu'on veut!»

Cet été merveilleux touchait à sa fin. Quand nous nous étions installés à Woodlands, au début de mai, nous avions quitté la pension Lelièvre croyant y revenir à l'automne mais, au fur et à mesure qu'avançait la saison, nos projets s'étaient modifiés et nous ne tenions plus beaucoup à retourner à la pension. Arthur désirait plus que jamais posséder une maison, encore fallait-il en trouver une à notre goût, dans un quartier convenable, ou alors acquérir un terrain et entreprendre les travaux de construction. Mieux valait, nous sembla-t-il, chercher d'abord un logement à louer pour nous y caser en attendant et, de là, échafauder nos plans concernant notre future demeure.

C'est sur la rue Saint-Denis, au pied de la pente, près d'Ontario, qu'Arthur trouva un logis et, avec la promptitude de décision qui le caractérisait, il le loua tout de suite. Aussi bien, je voulais revenir en ville au début de septembre, pour la rentrée à l'école de notre Fernand, quitte à garder ouverte la maison de campagne, jusqu'à la fin d'octobre, pour y passer les week-ends et quelques congés.

Le logement de la rue Saint-Denis était vaste et me plaisait assez mais, à peine y avions-nous emménagé qu'une chose terrible advint, bouleversant toute notre vie.

Ce fut, sans contredit, notre plus dure épreuve. Épreuve qui devait être suivie, fort heureusement, d'une immense joie. Mais n'anticipons pas. Tout commença vers la fin du mois d'août, alors qu'Arthur eut une extinction de voix, suivie d'un violent mal de gorge qui ne semblait pas vouloir guérir spontanément. Le médecin consulté dès notre retour en ville lui déclara sans ambages que son cas était grave; que l'affection de gorge dont il souffrait ne guérirait pas, même qu'elle pourrait s'aggraver s'il ne quittait pas notre climat humide, surtout en hiver. Ce qu'il lui fallait, d'après ce savant docteur, c'était d'aller vivre en pays chaud et sec, comme par exemple l'ouest des États-Unis, en particulier les hauts plateaux des montagnes Rocheuses.

Ce coup nous frappa durement. Nous n'en avons pas dormi durant des nuits! Mon mari ne voulait pas partir; quitter ses parents, ses amis; abandonner ses affaires si bien établies ici, pour recommencer à zéro en pays étranger! Et moi, je me retenais de lui crier que je ne voulais pas m'exiler encore une fois (j'en avais assez souffert dans ma jeunesse, lorsque j'avais dû partir pour Lowell). Et puis, je devrais, moi aussi, abandonner ma famille et mes amis. Je n'avais pas encore vingt-neuf ans et je me voyais vieillir dans l'isolement, en terre étrangère. Bonne Sainte Mère, aidez-nous! D'autre part, puisque la santé de mon cher époux, peut-être même sa vie, en dépendait, nous n'avions pas le choix. Je tâchais de l'encourager de mon mieux: il guérirait sûrement en peu de temps, quelques années tout au plus; nous reviendrions alors tout simplement au pays, renouer le fil de notre existence et reprendre nos beaux projets. Encore heureux que rien n'eût été entrepris pour l'acquisition d'une maison.

Après que nous eûmes débattu la question tous les deux, Arthur comprit qu'il lui fallait partir. Mais dans quels lieux aller se transplanter? Son choix se fixa sur le Colorado: sans doute influencé par la ruée vers l'or au tournant du siècle, il pensait que la ville de Denver continuerait à se développer et à prospérer. Il lui semblait donc qu'elle offrait le plus de chances de réussite, dans son domaine. Avant la fin de septembre, il avait déjà vendu son entreprise rue Saint-Laurent et pris toutes les mesures nécessaires pour aller voir, sur place, s'il pourrait s'établir à Denver. Il fut entendu que j'irais le retrouver avec Fernand, dès qu'il me ferait signe: il lui fallait d'abord trouver du travail et un endroit pour loger notre famille. Tout cela pourrait prendre jusqu'à une année! Nous le savions, mais nous évitions d'en parler.

Pour subvenir à nos besoins, mon mari laissait à ma

disposition, chez son notaire, la moitié de ce que nous possédions; de plus, le contrat de vente de son établissement prévoyait des versements, chez ce même notaire, de ce qui restait à payer, plus les intérêts.

Après le départ d'Arthur, le stress, la dépression (nous appelions cela la «neurasthénie») s'abattirent sur moi. Maman vint habiter à la maison, tandis qu'Albert allait s'installer avec Toutou; cela comme mesure provisoire, en attendant le signal d'Arthur pour que j'aille le rejoindre.

Et voilà qu'un jour, sans raison apparente, je perdis tout bonnement connaissance. Le docteur, mandé d'urgence, après examen, nous apprit que ce n'était pas de la neurasthénie:

— Chère madame, je crois que vous êtes... tout simplement, enceinte...

Un tremblement de terre aurait-il ébranlé la maison, qu'il ne m'eût pas secouée davantage! Je refusai d'y croire, tout d'abord: les symptômes n'étaient pas les mêmes qu'à ma première grossesse.

— Attendez encore un mois ou deux, dit le docteur, et passez me voir.

Je revis le médecin en novembre, mais j'étais déjà convaincue, et le diagnostic fut, en effet, confirmé. La perspective d'avoir un autre enfant m'enchantait, et maman exultait! J'avais appelé de tous mes vœux cet événement, depuis près de sept ans, mais je commençais à en faire mon deuil, et voilà que maintenant, à un moment où je n'y pensais plus... Mon Dieu, Arthur! Comment allait-il accueillir la nouvelle? Je voulais le prévenir tout de suite. Maman m'en dissuada:

— Attends un peu, ma fille, rien ne presse pour l'instant. J'ai déjà vu des cas de grossesse nerveuse. Les durs moments que tu viens de traverser, l'inquiétude au sujet de ton mari, tout cela suffirait pour interrompre tes règles et causer tes troubles digestifs. Tu ne seras vraiment sûre de ton état que lorsque tu sentiras bouger le petit.

— Ou la petite, j'espère. Ah! Que n'a-t-on découvert de voir à l'intérieur! On serait fixé, on saurait si c'est un garçon ou une fille…

— Tant qu'à faire, pourquoi pas avoir une photographie? Tu pourrais l'envoyer à Arthur.

Ces plaisanteries nous faisaient rire; quelles absurdités! Je ne croyais guère, non plus, à cette grossesse nerveuse et je pensais que ma mère, sans me le dire, craignait plutôt autre chose. Je me mis à m'inquiéter; aussi, je pris d'infinies précautions pour ma santé.

Quoi qu'il en soit, je trouvai plus sage de ne pas prévenir Arthur immédiatement: tel que je le connaissais, il aurait voulu prendre le premier train et revenir sur l'heure! En tout cas, les nouvelles de Denver étaient assez bonnes, bien que cette ville ne semblât pas lui plaire outre mesure. Il avait trouvé du travail dans une école de dessin commercial où il enseignait le lettrage et la dorure (l'application d'or en feuilles); il enseignait, en attendant la bonne affaire: l'atelier d'enseignes, ou le contrat de murales peintes. Il m'apprenait aussi que le médecin consulté là-bas lui avait donné beaucoup d'espoir pour la guérison de sa gorge.

Puis, le temps s'écoula, Noël et le jour de l'An

passèrent. Notre cher Fernand atteignit ses sept ans. Il avait beaucoup de chagrin, lui aussi, de l'absence de son père; nous parlions sans cesse du Colorado.

J'avais découvert la petite chapelle des Sœurs de la Miséricorde, ouverte au public. Cette institution s'occupait des filles-mères qui allaient s'y réfugier pour finir leur grossesse et pour accoucher. Or, il y avait dans cette chapelle une statue de sainte Marguerite, reconnue comme la patronne et la protectrice des femmes enceintes, et j'allais souvent y prier, non seulement pour avoir mon bébé, mais de plus, pour que ce soit une fille. Je promis à la sainte que je donnerais son nom à ma petite fille, si j'étais exaucée. Je priais beaucoup aussi et je faisais brûler des cierges pour la guérison de mon cher mari et pour son retour: je voulais, plus que jamais, ne pas aller vivre au Colorado!...

Ce fut par un matin clair comme du cristal que je ressentis, pour la première fois, les tressaillements révélateurs de la présence d'un petit enfant et de sa ferme volonté de vivre, et mon cœur bondit à l'unisson du sien. Que le père ne pouvait-il être auprès de moi pour partager cette joie! Je décidai de lui apprendre la nouvelle, dès ce jour, en l'assurant que tout allait à merveille; que je pourrais partir pour Denver après la naissance du bébé, soit vers le début de juin, s'il pouvait nous trouver un logis d'ici là. Je l'exhortais aussi à continuer de se soigner et à rester en ce lieu qui paraissait être si bon pour sa santé.

Ce même jour, étrange coïncidence, je reçus aussi un mot de lui m'avisant que sa gorge allait beaucoup mieux, grâce en partie aux bons traitements du docteur américain, mais en outre à cause de la salubrité de ce climat. Il espérait qu'au printemps, si tout continuait d'aller aussi bien, il pourrait rentrer chez nous. Cette nouvelle m'enchanta. Ma seule inquiétude dorénavant, ce fut que le bébé arrivât avant lui. La nouvelle de sa paternité le ravit, mais elle augmenta en même temps son ennui et son mal du pays. Il languissait loin de nous et aurait bien voulu revenir immédiatement, n'eût été l'obligation de terminer son contrat avec l'école de dessin commercial. Dieu merci, il nous revint à la fin de mars, avec armes et bagages.

Les bagages surtout étaient volumineux et encombrants. En partant pour Denver, Arthur était tellement certain de devoir y demeurer qu'il avait décidé d'emporter avec lui deux énormes malles qui contenaient, entre autres choses, tous nos cadeaux de noces. Ces malles avaient été entreposées avec nos meubles quand nous avions quitté la rue Berri pour la pension Lelièvre et, lors de notre emménagement rue Saint-Denis, nous les avions laissées telles quelles. À cause de la maladie d'Arthur et de la nécessité de son départ, tout était resté en plan. Moi, je n'avais que faire de tout cela, puisque je devrais le suivre un peu plus tard. Arthur avait donc résolu de les emporter avec lui: ce serait toujours ça de rendu à destination. Mais, six mois plus tard, force lui était bien de les rapatrier aussi. En plus de cela il apportait, naturellement, un tas de cadeaux et de souvenirs, tous plus embarrassants et encombrants les uns que les autres. Il y avait un cheval à bascule, avec crinière et pelage naturels, pour Fernand. (Notre fils avait quand même sept ans, et il était un peu trop grand pour un tel jouet, lui qui avait déjà monté le poney.) Pour le bébé (à naître), il apportait un berceau. Quant à moi, je reçus un manteau de drap noir, à pelisse de fourrure, qui pesait une tonne et me faisait paraître encore plus énorme! Pauvre cher Arthur, il mettait toujours dans ses cadeaux beaucoup plus de cœur, ou de fantaisie, que de bon sens!... Qu'importe, je laisse à imaginer la joie de ce retour pour tout le monde. Inutile d'ajouter que Fernand «congea» ce jour-là. La journée se passa en effusions, en réjouissances. Arthur nous fit le récit de son voyage et nous donna son appréciation, un peu désenchantée, de cette région des États-Unis dont seul le climat, semblait-il, avait su plaire au peintre. Il en rapportait, malgré tout, une espèce de nostalgie de ce ciel, d'un bleu à nul autre pareil, qu'il doutait de jamais pouvoir reproduire sur une toile. J'en venais presque à regretter de n'avoir pu contempler, moi aussi, ces canyons impressionnants et cet azur incomparable.

Le lendemain Fernand reprit, à contrecœur, le chemin de l'école et maman nous laissa à notre intimité, sous prétexte d'aller voir un peu comment les choses se passaient du côté de chez mes frères. Nous retrouvions notre amour et nous avions un tas de questions à régler pour l'avenir. Il nous fallait un peu arranger la maison, puisque nous allions devoir y vivre un certain temps. À part les meubles et les objets essentiels, il y avait peu de bibelots chez nous, pour agrémenter le décor. La première étape fut de vider les fameuses malles et de les faire disparaître du salon et de la salle à manger. J'avais hâte de re-

trouver toutes ces jolies choses que nous avions reçues à notre mariage. Hélas, les trimbalements du
voyage ne les avaient guère épargnées: il y avait pas
mal de casse. L'un des deux beaux vases en cristal
de Bohême rose était en miettes, de même, un chan-
delier bleu, dont nous avions aussi la paire, orné de
glaçons de cristal à prisme qui pendaient tout autour,
scintillant et cliquetant à la moindre oscillation. Plusieurs potiches et plateaux de porcelaine avaient subi
le même sort, et des plats et des corbeilles d'argent
étaient bosselés et tordus. Tout cela témoignait assez
éloquemment des rudes coups dont les pauvres
malles avaient écopé sur le quai des gares; elles en
portaient d'ailleurs, elles aussi, les marques. Mais
notre chagrin, notre désappointement plutôt, fut de
courte durée. Qu'était-ce que cela, en vérité? L'important c'était qu'Arthur, lui, fût revenu en bon état,
en meilleure santé. Lorsque tous les objets intacts furent installés en bonne place, les fameuses malles
rangées dans le hangar, le point le plus important restait à régler: qu'allait maintenant faire mon mari, le
père de mes enfants? Il ne faut pas oublier qu'il avait
abandonné son atelier, vendu le matériel, la machinerie, tout, à un prix bien au-dessous de leur valeur; il
faudrait maintenant repartir à zéro, avec un capital
amoindri. Le notaire lui rendit compte de son avoir,
auquel fut ajouté ce qu'il rapportait du Colorado, et il
se trouva qu'il pourrait se lancer de nouveau en affaires... avec prudence, quand même. Mon mari était
un optimiste invétéré et il avait la plus grande confiance en sa bonne étoile. Il trouva un local bien placé
sur la rue Craig, angle Saint-Laurent, juste à côté du

Champ de Mars et à deux pas de l'édifice de *La Presse*. Il constitua une société commerciale sous la raison sociale de «Eagle Signs Company Limited» — l'influence américaine, bien sûr — et un magnifique aigle royal, aux ailes étendues, plana bientôt sur l'enseigne, à la devanture de sa boutique.

Son premier client fut Ernest Ouimet, le propriétaire du Ouimetoscope, la plus grande salle de cinéma de Montréal, dans le Palais des Merveilles que cet homme d'affaires compétent venait de faire construire à grands frais. Non seulement Arthur y installa une belle grande enseigne électrique, mais il peignit en plus le rideau de scène destiné à recouvrir l'écran de projection. J'ai déjà dit qu'au théâtre, en ces années-là, les entractes étaient agrémentés de chansons, de récitations ou de musique: piano, violon, flûte. Eh bien, le même procédé fut adopté pour les salles de cinéma, car il fallait aussi, de temps en temps, interrompre la représentation pour changer les bobines. On abaissait devant l'écran une lourde toile, peinte de réclames publicitaires, ornées de dessins appropriés, pour accrocher l'attention. Au bout d'une ou deux minutes, on présentait sur scène divers numéros de vaudeville, c'est-à-dire de variétés: danseurs à claquettes, jongleurs, magiciens, etc. Or, le soir de l'inauguration du rideau au Ouimetoscope, Arthur, qui venait de le terminer, était dans la salle en spectateur pour juger un peu de l'effet de son travail. Je n'avais pas pu l'accompagner, dans mon état, mais il me fit bien rire à son retour. À la première interruption du film, on avait abaissé le rideau et tout s'était très bien passé; l'artiste était assez fier de son travail.

Au second entracte, le rideau s'abaisse de nouveau, les lumières s'allument et l'auditoire se prépare à regarder le numéro annoncé: un équilibriste renommé, de New York. Mais rien ne se produit et la foule s'impatiente. Mon Arthur se glisse alors dans la coulisse pour voir ce qui se passe. M. Ouimet est là, dans tous ses états: l'artiste américain ne s'est pas présenté! Le pianiste accompagnateur des films a beau s'évertuer à son piano, au bas de la scène, le public commence à trépigner et à manifester bruyamment. Arthur dit alors à Ouimet:

— Voulez-vous un coup de main? Mon échafaudage est encore en place, tout en haut devant le rideau, faites le descendre, juste assez pour qu'on puisse l'apercevoir de la salle, et laissez-moi faire.

Il ne perd pas une minute, laisse tomber sa veste et enfile sa salopette maculée de peinture de diverses couleurs, qui traîne encore dans un coin avec tout son attirail. Puis il apparaît sur scène en bleus d'ouvrier, sifflotant entre les dents l'air bien connu d'une chanson à la mode; le pianiste aussitôt enchaîne et l'accompagne. J'ai oublié le nom de cette rengaine, mais je sais qu'on y parlait de roses. Mon cher mari attrape au passage l'une des corbeilles de fleurs, au bord de la scène, et se dirige vers le câble qui pend de l'échafaudage. Puis, sans cesser de siffler, il accroche la corbeille à l'un de ses bras et grimpe jusqu'au haut du câble à la force des poignets, le plus facilement du monde, puisque c'est ce qu'il fait si souvent dans son travail. Pour plusieurs spectateurs cela semble un exploit et les applaudissements fusent, tandis que là-haut il s'assoit sur le madrier, jambes pendantes dans le vide, et entonne la chanson dont il connaît, au moins, le refrain — lorsque les paroles des couplets lui font défaut, il siffle la mélodie — et se met à lancer vers l'assistance quelques-unes des plus belles fleurs puisées dans sa corbeille, en visant les dames, autant que possible: «Prenez mes ro-o-ses, gentille mada---me»... ou quelque chose comme ça, dit le refrain. Il fait signe à l'auditoire de chanter avec lui puis, aux dernières mesures, s'enroulant le câble autour d'une jambe, il se laisse glisser jusqu'au plancher avec aisance, sous un tonnerre d'applaudissements et de cris de «bis, bis, bis».

J'aurais donc voulu voir ça! Mon Arthur, dans un numéro d'acrobatie! M. Ouimet, enchanté du succès, offrit de l'engager pour toute la semaine, offre qu'il refusa. Tout de même, quelque temps après, le Ouimetoscope nous remit un laissez-passer à vie, pour chaque changement de programme.

* * *

Durant toute cette période, moi, je nageais en plein bonheur et je devenais de plus en plus rondelette. Maman m'assurait que, selon les apparences, «ce serait une fille»; j'en étais aussi convaincue. Lorsque nous avions su que j'étais enceinte, la joie avait été immense pour Arthur autant que pour moi. Pourvu que ce soit une fille! Mais non, ça ne pouvait pas ne pas être une fille, j'avais tellement prié pour cela! Je disais: «Mon Dieu, vous m'avez beaucoup donné jusqu'ici et je vous en remercie. J'ai un bon mari, un petit garçon que j'aime tendrement mais qui

271

m'échappe de jour en jour: il se tourne vers son père, comme une jeune plante vers le soleil. Seigneur, donnez-moi maintenant une petite fille!»

Ce fut le 15 mai, un mercredi, vers quatre heures trente de l'après-midi, que l'enfant se décida à donner le grand coup et à faire le saut dans l'inconnu. Fernand revenait justement du Jardin de l'enfance et maman se hâta de l'envoyer jouer avec le petit garçon d'à côté, «parce que maman n'est pas très bien et doit se reposer». Les douleurs étaient si violentes et si rapprochées que ma mère comprit, tout de suite, que c'était là un bébé bien pressé d'arriver au jour et qui n'entendait pas lambiner en chemin. Le docteur fut alerté. À deux reprises, maman dut lui téléphoner:

— Je vous dis, docteur, que c'est imminent. Venez immédiatement, sinon je ne réponds de rien!

Elle prévint aussi Arthur qui était encore à son atelier. Quand le médecin arriva, il me trouva allongée sur le canapé de la salle à manger: je ne pouvais plus marcher.

— Vite, vite, madame Chapdelaine, dit-il, apportez-moi des serviettes; faites bouillir de l'eau: il est trop tard pour la transporter dans son lit...

Ce bébé arrivait à toute vitesse, avec fougue.

— Retenez-vous, petite madame, allons, retenez-vous un peu.

Mais, vas-y voir! Il n'y avait rien pour freiner cette force de la nature qui poussait et écartait tout sur son passage! À cinq heures sonnantes, m'a-t-on dit, le poupon était là. Arthur, malgré sa hâte, arriva alors que tout était terminé. Je savais déjà que c'était une fille, le médecin l'avait dit, et mon cœur était inondé de joie. Cependant, lorsqu'on mit la petite dans mes bras, une inquiétude me saisit:

— Est-ce que tout va bien, docteur? Elle n'est pas infirme? Est-ce qu'elle va vivre?...

— Mais oui, tout est parfait. C'est un beau gros bébé de dix livres et demie, et je vous garantis qu'elle va vivre.

— Alors, c'est moi qui vais mourir! C'est pas possible, c'est trop de bonheur!

Et je me mis à sangloter, et Arthur m'embrassait et me consolait en riant, et maman riait, et le docteur aussi. Notre fille, toute rouge, le crâne couvert d'un abondant duvet noir, dormait à poings fermés: elle avait bien assez travaillé! Il serait toujours temps d'explorer et de découvrir le vaste monde.

Arthur alla porter la bonne nouvelle aux voisins et ramena Fernand qui entra, tout intimidé devant ce grand mystère, et un peu affolé d'apercevoir sa mère étendue sur le canapé, et si pâle! Il se mit à pleurer, lui aussi (au moins, maintenant, nous étions deux). Il savait à présent qu'on ne trouvait pas les bébés sous les choux, mais le petit voisin lui avait expliqué que c'étaient «les sauvages» qui les apportaient et souvent battaient la maman. C'est ainsi qu'une nuit ce petit voisin avait entendu sa mère gémir et crier, et au matin, on lui avait montré un nouveau petit frère. Le souvenir de la cruauté des Indiens du Canada, au début de la colonie, était encore vivace à cette époque, surtout chez nous, les Canadiens français. Chez nos compatriotes de langue anglaise, c'était la cigogne qui apportait les bébés, fable tout aussi ridicule, et je décidai, dès ce moment, qu'il était grand temps d'instruire notre fils.

— M-m--maman, ma-a-man, répétait Fernand en pleurant, est-ce qu'«ils» t'ont f--fait bien ma-mal?

Du coup, je cessai mes pleurs pour le consoler, en remettant à plus tard la tâche difficile des «révélations», et je l'assurai que je n'avais rien, que j'étais seulement très heureuse, et que tout le monde dans la maison était aussi très, très heureux. Puis, quand il apprit qu'il serait le parrain de sa petite sœur, son bon gros visage se fendit d'un large sourire: il aurait ses responsabilités propres et, si tout le monde était heureux, il l'était encore plus que les autres!...

Ce fut le dimanche suivant qu'eut lieu le baptême en l'église Saint-Jacques, où mon mari avait lui-même été baptisé et où nous nous étions mariés. Le parrain avait sept ans et la marraine, Lucile Paquette, six ans.

Tandis que j'attendais, les bras vides, les seins lourds, il m'a semblé que la cérémonie s'éternisait; j'avais peur d'un accident, de je ne sais trop quoi... enfin, je m'inquiétais, surtout de ma fille, mon trésor, la prunelle de mes yeux!... Mais tout se passa très bien, à ce qu'on m'a dit; le bébé n'a pas pleuré lorsque l'eau baptismale a coulé sur son front et le goût du sel sur sa langue lui fit faire une petite grimace comique qui semblait être un sourire. Les parrain et marraine étaient bien mignons, conscients de leur rôle dans l'administration de ce sacrement, qu'on leur avait expliqué en détail. À la grande surprise du curé — il n'avait pas accepté facilement ce parrainage précoce —, les enfants avaient récité le *Pater* et le *Credo* comme des grands et signé leur nom, tous deux, dans le registre, alors que le vieux parrain du baptême précédent avait dû, lui, n'y tracer qu'une croix. Notre fille reçut le nom de Marguerite, tel que prévu, mais aussi celui de Marielle, dérivé de Marie, et c'est ce prénom, rare à l'époque, que nous avons choisi de lui faire porter. Je trouvais qu'il lui seyait à merveille.

Les mois qui suivirent — ai-je besoin de le dire? — bousculèrent nos vies. Au moindre vagissement venant du berceau, nous nous précipitions tous les trois, Fernand, Arthur et moi, à qui arriverait le premier pour recevoir le sourire de ce petit ange grassouillet, qui devinait déjà son emprise sur toute la famille!...

Je ne me lassais pas de contempler ma fille. Elle avait une peau blanche, lumineuse — maman disait «un teint de lis» —; ses cheveux étaient presque noirs et elle avait les yeux bruns, tout comme moi, mais vifs et brillants comme ceux de son père. Elle était telle que je l'avais créée d'avance en imagination, dans mon cœur! Et je bénissais le Seigneur en récitant tout bas mon magnificat à moi...

Après la naissance de ce petit être, notre vie a pris une coloration nouvelle, mais elle n'en continua pas moins son petit bonhomme de chemin. Bien sûr il y eut des hauts et des bas (les vicissitudes de l'existence), des tracas, des soucis, des inquiétudes, mais à travers tout cela il y avait la joie. Nos ennuis passaient et le contentement, j'allais dire l'allégresse, était en nous avec la propension à rire, à s'amuser. Il

275

faut dire qu'en ces années d'avant 1914, à peu près
tout le monde semblait, sinon toujours joyeux, à tout
le moins paisible et plein de confiance en l'avenir.
Nous ignorions que tant de choses allaient changer,
que ce qu'on avait appelé la «Belle Époque» tirait à
sa fin.

Épilogue

Bien des années se sont écoulées depuis ces temps heureux de ma jeunesse. J'ai perdu mon mari, ma mère, presque toute ma famille et bon nombre de mes amies d'autrefois. Malgré les deuils, les maladies, les revers de fortune (aucune vie ne saurait être exempte d'épreuves), je vois, dans mes regards en arrière, beaucoup de joies aussi. Mon fils s'est marié et m'a donné quatre petits-enfants et, grâce au Ciel, il me reste ma fille.

Encore un pas et d'autres années se sont aussi transformées en souvenirs, mais pour moi seule: je ne peux plus les raconter. Qui est donc cette femme que je vois toujours à mes côtés? Je ne sais plus si c'est ma mère ou Mary, la servante au grand cœur de mon enfance. Ou bien encore, Marielle que j'aime tant? Je n'ose pas le demander. On croirait que je n'ai plus ma tête. Qu'importe! Je sais, moi, que je la connais cette femme, et que je l'aime depuis toujours. Je ne souhaite maintenant qu'une chose: qu'elle soit là pour me fermer les yeux lorsque la boucle sera bouclée.

Il fait beau, le soleil brille, l'air est doux. Merci Seigneur, pour ce nouveau jour.

Arbre généalogique sommaire

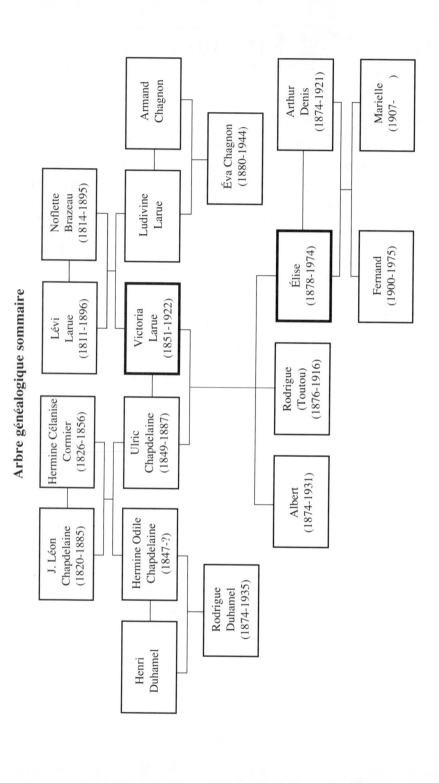

Extraits généalogiques relatifs
à quelques-uns des principaux personnages
de ce récit

Victoria Larue (1851-1922): Fille de Lévi Larue (1811-1896) et de Noflette Brazeau (1814-1895) de Saint-Antoine-sur-Richelieu. Mariée à Saint-Ours en 1872 à Ulric Chapdelaine (voir J. Léon Chapdelaine dit Vidor).

Ludivine Larue: Soeur de Victoria. Mariée à Armand Chagnon. Mère d'Armand et d'Éva (voir Rodrigue H. Duhamel).

* * *

J. Léon Chapdelaine dit Vidor (1820-1885): Fils de Jean Victor et de Modeste Duhamel de Saint-Ours-sur-Richelieu. Il épouse en 1846 Hermine Célanise Cormier (1826-1856).
Enfants:
Hermine Odile et Ulric Léon.

Hermine Odile Chapdelaine (1847- ?): Mariée en 1871 à Saint-Ours, à Henri Duhamel (voir Rodrigue H. Duhamel).

Ulric (Léon) Chapdelaine (1849-1887): Épouse Victoria Larue en 1872, à Saint-Ours. Meurt à Sorel à l'âge de 38 ans. Laisse trois enfants: (J. Ulric) Albert, (J. Michel) Rodrigue et (Marie Blanche) Élise.

Albert Chapdelaine (1874-1931): Premier mariage, à Montréal en 1901, avec Aurore Baillargeon. Deux enfants: Albert-Édouard (voir Albert-Édouard Chapdelaine) et Yvette (1904-1904).
Deuxième mariage, avec Marie-Louise Renaud, aussi de Montréal.

Cinq enfants:
Yvette: Premier mariage: Marcel Gagnon (Montréal);
second mariage: Armand Perrault (Belœil);
une fille: Claire Gagnon.
Ulric: Marié à Thérèse Bruneau (Montréal);
une fille: Suzanne.
Marielle (1916-1924).
Aimé: Marié à Gisèle Cadieux (Montréal);
enfants: Serge, Gaston, Réal, Ginette et Gilles.
Lise: Mariée à Jérôme Chevron (Pointe-au-Père);
deux enfants: Louise et Pierre.

Albert-Édouard Chapdelaine (1902-1972): Fils d'Albert et d'Aurore Baillargeon. Épouse en premières noces Jeanne Beaudoin.
Trois fils: Robert, André, Jacques.
Épouse en deuxièmes noces Simonne Trudeau.

Rodrigue (Toutou) Chapdelaine (1876-1916): Fils d'Ulric (Léon) et de Victoria Larue. Célibataire.

Élise Chapdelaine (1878-1974): Fille d'Ulric (Léon) et de Victoria Larue. Petite-fille de Lévi Larue et de Noflette Brazeau, d'une part, et de Léon Chapdelaine et d'Hermine Célanise Cormier, d'autre part.
Mariée en 1899 à Arthur Denis de Montréal (voir Arthur Denis).

* * *

Rodrigue H. Duhamel (1874-1935): Fils d'Henri et d'Hermine Chapdelaine. Petit-fils de Léon Chapdelaine et d'Hermine Célanise Cormier. Épouse à Montréal en 1902 Éva Chagnon (1880-1944), fille d'Armand et de Ludivine Larue, petite-fille de Lévi Larue et de Noflette Brazeau de Saint-Ours.
Enfants:

Marcelle (1903-1985): Mariée à Jos Normand (Trois-Rivières);
quatre fils: Yves, Marc, Denis et Gilles.
Claire: Mariée à Donat Bisson (Trois-Rivières);
sans descendance.
Roland (1905-1983): Marié à Blanche Letellier de Saint-Just (Québec);
une fille: Lisette.
Marguerite (Margot): Mariée à Lucien LaRue (Québec);
une fille: Francine.
Jean-Paul: Célibataire.
Madeleine (Mado): Mariée à Paul Vallière (Québec);
une fille: Paule.
Gilles (1917-1974): Marié à Daphne Attwood (Londres);
deux filles: Priscilla et Christine.
Marthe: Mariée à Léo Lévesque (Québec);
sans descendance.

* * *

Arthur Denis (1874-1921): Fils de Jean-Baptiste Denis de Montréal et de Caroline Bourgeois de Saint-Jean, Québec. Petit-fils de J. B. Cyrille et de Marie Martin Versaille. Épouse en 1899, à Montréal, Élise Chapdelaine, fille d'Ulric Chapdelaine et de Victoria Larue (Saint-Ours).
Quatre enfants:
Fernand, Marielle et des jumelles mortes à leur naissance.

Fernand Denis (1900-1975): Épouse en 1927 Annette Collette, de Montréal, fille d'Ernest Collette et de Marie-Louise Chagnon (Verchères).
Enfants:
Nicole: Mariée à Claude Paulette (Montréal);
quatre enfants: Martin, Catherine, Louis et Nicolas.

Alain: Marié à Colombe Fortin (Rimouski);
deux enfants: Sylvain et Sophie.
Daniel: Marié à Sandra Graves (Boston, Mass.);
deux enfants: Kia et Marc.
Martine: Célibataire.

Marielle Denis: (1907-   ): Célibataire.

Table des matières

CHAPITRE XII

PROFUSION DE MARIAGES ET DE NAISSANCES DANS LA PARENTÉ — NOUVELLE CARRIÈRE DE MADAME CHAPDELAINE — LES AFFAIRES D'ARTHUR PROSPÈRENT — SOUVENIRS DE LA PENSION LELIÈVRE — L'AVENTURE DU PONT.

CHAPITRE XIII

«Ô LES BEAUX JOURS» DE WOODLANDS — DÉPART D'ARTHUR POUR LE COLORADO — OÙ LA JOIE SUCCÈDE À L'ANGOISSE — NOUVELLE ENTREPRISE SOUS LE SIGNE DE L'AIGLE — NAISSANCE DE MARIELLE ET FÉLICITÉ D'ÉLISE — LA FIN D'UNE ÉPOQUE.

Achevé   Imprimerie
d'imprimer Gagné Ltée
au Canada Louiseville